毎日がご機嫌になる「奇跡の法則」

スピリチュアル・カウンセラー
高津理絵

KKロングセラーズ

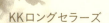

はじめに

あなたの中には、一頭の美しい馬がいます

一人の赤ちゃんが、一頭の美しい馬を連れて、この世に生まれてきました。馬は、一点の曇りもない、まあるい魂を守るようにぴったりと寄り添っています。目の前には、お日さまの光に輝く道が開けていて、一人と一頭はワクワクしながら最初の一歩を踏み出しました。

これは、あなたが生まれてきたときの光景です。そう、あなたの中には、とってもきれいなお馬さんがいます。「すべてのことがウマくいくウマちゃん」と名づけましょう。

ウマちゃんは、目の前の明るい道が幸せに続いていることを、ちゃんと知っています。そこで、前世の記憶を無くしたあなたに代わって道を先導してくれますが、

ウマちゃんを飼育できるのは、「ありのままのあなた」だけです。

どういうことかというと、人は赤ちゃんから成長して大人になるまでに、自分の素顔を隠してしまうときがあるのです。いろいろな人や出来事と出会うたびに、あなたはたくさんの思いを抱えますが、そのなかには、自分で勝手に決めてしまった「思い込み」もたくさんあります。

強くなりすぎた思い込みは帽子やマスクやサングラスになって、ありのままのあなたの素顔をすっぽり覆ってしまいます。すると、ウマちゃんも「自分ではないなにか」を装いたくなって、トラの着ぐるみに自分の姿を隠してしまうのです。

こうしてウマちゃんが「トラウマちゃん」に変身してしまうと、人は「自分らしさ」がわからなくなり、幸せの道が見えなくなり、毎日に生きづらさを覚えるようになります。

わたしはカウンセリングや講演会を通じて、年間に千人以上の人とお会いしています。「ありのままのこの人は本当に魅力的なのに、なぜトラウマをかかえて本当の自分を隠してしまうのだろう」と、内側に光り輝くその方の魂を見て、「大丈夫。あなたは幸せになれるよ」と声をかけてあげることも多々あります。

輝いている魂の傍らで、トラウマちゃんがトラの着ぐるみを着て一生懸命、胸を張っているのが見えます。でも、その瞳は自信をなくして、とっても悲しそうなのです。

「ありのままのわたしがいちばん素晴らしい」とみなさんがわかっている一方で、「ありのままのわたし」をごまかして作り上げてしまうのは、どうしてなのでしょうか？　それは、素顔でいることこそが、人生の修行だからです。それくらい、生まれたときの素顔を隠さないでいるのは難しいことなのです。

「いいえ、わたしはごまかしてなんかいないし、本当の自分を知っている」と思った方もいることでしょう。また、「ああ、トラウマね。わかるわ」と納得なさる方もいるかもしれません。

でも、それさえも、じつは「本当」ではないのです。

トラウマちゃんのお話は、理解をしていただくのに少し時間がかかります。受け入れるのには、なによりも勇気が必要になります。読み進めるにつれて、自分やそのトラウマのもととなった相手にあなたは腹が立つかもしれません。だけど、その怒りを超えたところに、真実のあなたを映す鏡があります。

この本は、ぜひ七回読み返してください。すぐにじゃなくていいんです。自分の心に栄養を与えたいときなどにまたこの本を手にとって読んでみてください。読むたびに、あなたの内側にいるとても美しいウマちゃんの存在に、きっと気づかれるはずです。そのときが、新しいスタートです。

この世界に、トラウマちゃんが一度も心の中に住んだことがない人はいません。この本を書こうと決めたとき、わたしにも少しだけ勇気が必要でした。なぜなら、わたしも自分の中にいるトラウマちゃんと見つめあうことになったからです。

でも、ありのままの自分を理解していると、ウマちゃんの手が着ぐるみを着ようとジッパーにかかったところで、「ストップ!」がいえるようになります。すると、ウマちゃんはちょっとだけ恥ずかしそうに「うふふ」と笑って、着ぐるみをたたんでしまうはずです。

大丈夫です。あなたは、今世の修行を楽しんでやり遂げられます。だって、神さまが祝福して送り出してくださったのですから。神様の分霊《わけみたま》を授かったあなたも神様なのです。ご自分の中にいる神様とウマちゃんの力を心から信じてくださいね！

「本当のあなた」は、どんなことが好きで、どんなことに喜んで、どんなことに感動して心が震えますか？　わたしは、その光り輝く本当のあなたを知りたいです。この世に生まれてきた、それだけであなたはすごい人です。

トラウマちゃんの着ぐるみを脱がしてあげて、本来の自分になって、すべてのことがウマくいくウマちゃんと一緒に今世幸せな旅をしてください。

高津理絵

はじめに……あなたの中には、一頭の美しい馬がいます　1

第一章　ヴェールを脱ぐと、あなたは光り輝きます

「ありのままの自分」は、本当はありのままではない？……12
素顔で虹色の種をまくことが、幸せへの第一歩です……15
「トラウマちゃん」は、誰の心にも住んでいます……17
「笑い」と「感謝」。着ぐるみを脱がすのはこの二つです……20
「わたしには似合わない」は、今日からやめましょう……24
人は、「自分が作ったトラップ」にはまりやすいものです……28
「ネガティブ思考」は、遺伝や環境によるものではありませんよ……31
神さまは、人に対して、絶対に「減点」はなさいませんよ……36
神さまが教えてくれました。これからは、「少しずつよくなる時代」……39
神さまに愛されるのは、どんな人？……42

第二章

すべての出会いは「最高」です

本当は、「いじわるな人」も「いやな人」もいません……46
あなたは神さま。そして、相手も神さま……50
「心配」は「無関心」と同じことです……55
気持ちがぴったり合うと、「気合」が入ります……60
「かわいそう」は、自分のことも、人のことも低く見積もる言葉です……63
あなたの前に現れるのは、いつも「ベストの相手」です……67
「学びのチャンス」を、摘むことはやめましょう……70
「あなたを振り回す人」から、学び成長する……73
トラウマの連鎖は、自分で断ち切ると決める……76
人のご機嫌伺いはやめて、いつも自分の機嫌をとる……81

第三章

本当に幸せな恋愛と結婚

なぜ、わたしには、出会いがないのでしょうか？……86
なぜ、好きな人から愛されないのでしょうか？……89
「運命の人」は、いますか？……94
やきもちは、可愛くやく……98
「うらやましい」は、「憧れ」に変えましょう……101
自分で自分を、いじめないでください……103
「感謝」が、あなたをランクアップさせます……106
妄想パートナーで、恋の波動を高めましょう……109
親を嫌うと、その同性とトラブルが生まれます……113
結婚しても、しなくても、あなたは幸せ……118
子どもがいない人生で、今世、学ぶこと……121

第四章

仕事とお金の話

天職は、いま目の前に天が与えてくれた仕事……126
仕事と恋愛は、とてもよく似ています……130
いまの職場にいて、報われない気がする人へ……134
なぜ自分にだけ、つらくあたるの?……137
職場や自宅の天井、壁、床を磨き上げましょう……142
「なにをいうか?」よりも「誰がいうか?」が大事……145
トラウマちゃんは、病気を呼ぶパワーを持っています……148
「手を抜いてもいいんだよ」と自分にいってあげましょう……153
「課題」が終わるまで、相手は離れてくれません……156
お金には、持つべき段階があります……160
貧乏神の正体を、知っていますか?……163

編集協力／田中麻衣子

第一章

ヴェールを脱ぐと、あなたは光り輝きます

「ありのままの自分」は、本当はありのままではない？

生まれてくるときに、わたしたちは自分の神さまと、「いろいろな経験をして、学びをありのまま受け入れます。また、その学びを通じて、ありのまま自分を受け入れて、愛します」と、決めてきました。自分らしく生きて、人生での学びを楽しむ。魂を成長させていく最高に尊い生き方です。

そこで、この数年で、

「ありのままのわたし」「本当の自分」

といった、とてもよく目にすることが多くなった言葉について、あらためて考えてみたいのです。なぜなら、「ありのままの素晴らしさ」に多くの人が共感する一方で、「『思い込み』のありのまま」については、あまり話されていないように感じるからです。

自分が考える「ありのままの自分」は、じつはありのままの自分ではないことがあります。

なかには、ご自分の短所や長所を的確に言葉で表現できるから、「わたしはわかっている」と思う人もいるかもしれません。

でも、その短所や長所にさえ、「（無意識の）思い込み」が存在しています。

「さっぱりしている」「義理人情に厚い」「責任感が強い」「涙もろい」「人懐っこい」「飽きっぽい」「誘惑に弱い」「はっきりものをいうのが苦手」「好き嫌いが激しい」「せっかち」

「本当のわたし」について考えたとき、こんなふうにいろいろな表情が見えてきますよね。では、そのなかに、「過去に親や友人からいわれたので、そうだと思う」と感じている顔は、どれくらいありますか？

わたしたちは、成長していくなかで、たくさんの「思い込み」や「おそれ」を抱えていきます。自分の思い込みで相手の言葉を受け取って、劣等感になっていること、また、「人に、こう思われたらこわい」というおそれ。そうしたものを、「ありのままの自分」をつくる材料にしてしまうのです。

「素直な魂で、世界を明るく見る」という修行を神さまが与えてくださったのです。あまりにたくさんの思い込みやおそれを抱えると、どんどん自分の素顔が見えなくなって、「ありのままのわたし」を生きづらくなってしまいます。

でも、人は、ありのままの自分を知らないわけではなく、忘れているだけなのです。今世で、ありのままの自分を思い出すこと。それがわたしたちの課題です。そしてありのままの自分は「すごい人」なのです。「私はすごい人です。」この言葉を一日一〇〇回いってみましょう。かんたんにいえる人はもっと自分をもり上げて笑顔でいってみたり、ワクワクしながらいってみてください。反対にいえない人はあせらなくて大丈夫。少しずつ一日一回でもいってみましょう。

涙がでてもいい。「すごくなんかない」と心で思ってもいい。言葉に出していってみたとき、心がおちついてありのままの自分が輝き出しますよ。

素顔で虹色の種をまくことが、幸せへの第一歩です

神さまは、わたしたちがものごとを見つめ答えを出すときに、いつも「虹色の種」をくださいます。たとえば、人から笑顔で「おはよう」といわれたとき。仕事で叱られてしまったとき。大好きな人と両思いになったとき。恋人に振られてしまったとき。どんなときでも、神さまがくださるのは虹色の種です。

種は、悲しい気持ちのあとにうれしい思い、さみしいできごとのあとにやさしい願いなど、きらきらと変化して、たくさんの答えを見せてくれます。

そして、ありのままの虹色の種をまいたあなたの心には、やがて色とりどりの美しい草花が咲いて、ウマちゃんがとても幸せそうに暮らしています。

しかし、おそれや思い込みから素顔をサングラスやマスクで隠すと、種の虹色に気づけなくなって、「これは、暗い闇色の種だ」と思い込むようになります。

その思い込みで種をまくと、恨み、妬み、憎しみ、悲しみ、怒りなど、よくない一色しか生まれません。そこから芽吹くのは、やっぱり自分勝手な思い込み。そこで遊ぶウマちゃんはどんどん元気がなくなって、やがてトラウマちゃんになってしまいます。

でも、「本当は虹色の種だったんだ」と気づいた瞬間から、芽吹いた草花はもとの輝きを取り戻すことができます。たとえ、いまのあなたがどんな状況でも、何歳であっても、けっして遅すぎることはありません。わたしたちは、お空に帰る最後の日まで、幸せに気づいて、学んで、成長し続けることができるのです。

あなたの「そのままの素顔」は、この世でいちばんきれいです。

「ありのままのわたしを愛します」

そう決めましょう。ぜひ、言葉に出してみてください。

そして、素顔で虹色の種をまいていきましょう。それが、幸せへのスタートです。

「トラウマちゃん」は、誰の心にも住んでいます

虹色の種がまけなくて、トラウマちゃんを育ててしまうことは誰にでもあります。

ただの一度も、心の中にトラウマちゃんが住んだことがないという人はいません。

ただ、自分がサングラスをかけて素顔を隠していることにすぐ気づく人と、そうではない人がいます。すぐに気づくコツは、なにかを考えるときの基準を「それで、自分は幸せだろうか?」にすることです。

つまり見方を明るい方にかえてみるということです。

やさしい人に多いのですが、「まわりの人がどう思うか」を考えすぎては、いけません。

じつは、こうしてお話ししているわたしも、つい最近まで一つの思い込みを抱えていて、虹色の種をまけないでいました（でも、だからこそ、「いつからでも気づくことはできます」と断言することもできます）。

カウンセリングや講演会がお休みの日でも仕事はいろいろとあります。でも、ときどき完全なオフをいただくことがあります。そうすると、旅行やショッピングなど、スタッフと遊びに出かけるのですが、昔は楽しむことができませんでした。どうしてかというと、心のどこかに罪悪感があったからです。

いまなら自分の心理がよくわかるのですが、わたしは「自由」になることがこわかったのかもしれません。「自由になると、自分はだらしなくなってしまうかもしれない」という思い込みがあって、絶え間なく仕事を入れ続けていないと気持ちが落ち着きませんでした。

「数多くのカウンセラーのなかからわたしを選んでくれて、話したいと思ってくださる方がいらっしゃるのだから、休んでなんていられない。がんばらなくてはいけない」

そう考えていたのです。

どんなに美しい景色を見て感動しても、おいしいものをいただいて笑顔になっても、すごくステキな舞台やコンサートを観て夢見心地になっても、いつもどこかに「こんなふうに遊んでいていいのかな」という思いがあって、胸がモヤモヤしていました。

執筆、新作アクセサリーのデザイン、仕事に活かせる読書、色紙やお礼状をしたためるなど、自宅の仕事場でもやれることはたくさんあります。どこにいても、なにをしていても、「それをしないでいていいのかしら？」という考えが頭から離れなかったのです。

「笑い」と「感謝」。着ぐるみを脱がすのはこの二つです

今回、トラウマちゃんについて本を書きたいと考えたときに、わたしはまず自分の中にあるモヤモヤと向き合ってみました。わたしの心の奥には、「遊んでいる自分がゆるせない」というトラウマちゃんが住んでいました。

そこで、「罪悪感のある状態で心から余暇を楽しめない。そうしていて、わたしは幸せ?」と自分にたずねてみました。

「いいえ、幸せではないなあ。自分をゆるせない休日を過ごしたわたしに会いに来てくださった方にも、その波動は伝わってしまうに違いないわ」

そう気づきました。

心から「これでいいんだ」と思えたときには、二つのことが起こります。

まず自然な「笑い」が生まれて、次に、必ず「感謝できる人」が現れるのです。

自分をゆるします。「わたしが元気になれば、お客さまも元気になれる」と思い続けているうちに、ふと、

「でも、サボりそうで自由がこわいっていうけど、『好きなだけ自由にしていいよ』っていわれたら、わたしはちょっと遊んでから絶対に仕事をするに違いない、けっきょくは仕事好きなんだなぁ」

と考えて、笑ってしまいました。そして、笑ったあとに、

「たくさんの方が、必要だといってくださってこの仕事ができている。こんなにありがたいことはないわ。この道に導いてくださった師匠の斎藤一人さん。ありがとうございます。スタッフのみんな、いつも支えてくれてありがとう。お父さん、お母さん、わたしを生んで育ててくれて、愛してくれてありがとう」

たくさんの人への感謝が、あふれ出てきました。

心の中で、ニコニコ笑いながらウマちゃんが、こういいました。

「豊かな気持ちになれることをたくさん味わって、心を幸せでいっぱいにしよう。そして、そのエネルギーで人を助けていこう！」

それからは、プライベートも思い切り充実させて、うれしい思いに心置きなく包まれようと気持ちが穏やかに定まりました。

「えっ、そんなことで悩んでいたの？」と思われるかもしれません。

考えてみたら、わたしのお客さまは、「イヤだ、理絵先生ったらサボっている」なんて絶対におっしゃらないんですよ。ブログで楽しかった旅行や舞台についてご紹介すると、「こちらまで楽しくなりました」とおっしゃってくださる方ばかりなのです。

それなのに、自分の素顔が見えない状態のわたしは勝手に不安になって、「さぼってはいけない」と思い込んでいたのでした。素顔を隠してものごとを見ると、ものごとも本質を隠してしまいます。すべてが曇って目に映るのですね。

あなたも、「だれかに○○と思われるかもしれないから、これはやめておこう」

と考えていることがあったら、まず、「そうすることで、自分は楽しいだろうか？」と置き換えてみてください。「自分が楽しくない」というだけで、手のひらにある種は虹色ではなくなっています。

また、「あの人から、○○と思われる」という考え自体が、自分の勝手な思い込みであることのほうが多いのです。

いつでも基準は自分に置きながら、あなたの魂が喜ぶことをしてあげてください。

一人さんが昔教えてくれました。「好きなことをして生きていく」ということは大事なことです。「好きなことをして生きていく」ということは大事なことです。

嫌なことからひとつやめていってみな。そうすると幸せがふえていくよ」

そうしていくと、「あれ？　この考えはなんだかおかしいな」と気づけるようになって、次に笑顔がこぼれて、そして心の中に感謝できる人たちが現れます。

大丈夫です、すべては神さまがわたしたちの魂の成長のために笑顔で授けてくださった課題なのです。ありのままの自分を受け入れて、許して、愛する修行は楽しいものです。そのことを心に留めて、一緒に楽しい修行をしていきましょう。

「わたしには似合わない」は、今日からやめましょう

わたしは、これまで折に触れて、「家の中を掃除して、整理整頓することがとても大切ですよ」とお話してきました。

神さまは明るくてきれいな場所が大好きでいらっしゃるので、神さまの子どもであるわたしたちも、さっぱりと手入れが行き届いたところで暮らすのが自然であり、魂にとっての喜びだからです。

しかし、カウンセリングにいらっしゃる方のなかには、「とにかくお掃除が苦手です」と、おっしゃる方がたくさんいます。わたしは講演をお掃除の話から始めるのですが、壇上から目が合うと、バツが悪そうにパッと顔をそらされたり、照れ笑

いを浮かべたりする方も少なくありません。

お掃除が苦手な人には、いくつかの共通点があります。

1. やさしい（ものがかわいそうで、なかなか捨てられません）
2. がんばり屋さん（そもそも、掃除のハードル設定が高いのです）
3. 心配性（人のことや未来のことまであれこれ考えて、掃除に気持ちが回りません）
4. 「きれいな部屋に自分は似合わない」と思い込んでいる（掃除が苦手なのではなく、「自分にはこれくらいがお似合い」だと無意識に思っている）

4は、いつの間にか無意識に刷り込んでしまった思い込みです。

本当は、きれいな場所が嫌いな人なんて一人もいないし、きれいな場所が似合わない人もいないのです。

「美しい家は、自分には似合わない」と思っている人は、ありのままの自分を愛せていない証拠です。だって、今世に降りてくる前の魂は、みんな神さまがいらっしゃるきれいな場所で幸福に暮らしていたのですから。

もしかしたら、子どもの頃に人からいわれたちょっとした言葉やできごとがきっかけになって、いくつもの思い込みを重ねてしまったのかもしれませんね。

「女の子っぽい小物やお部屋はあなたのイメージじゃない」

あなたにそういった人は、「ボーイッシュな雰囲気がステキ」だといいたかっただけかもしれません。

「片づけられないから、わたしはダメな子」だと小さいときから思い込み続けた人も、「ダメなわたしには、片づいていない部屋が似合っている」と考えるクセがついていきます。

「わたしに○○は似合わない（あるいは、「○○のほうが似合う」）」と、あなたが考える根拠にしてきた人たちの言葉は、「相手の本当の気持ち」とはかけ離れた思い込みで受け取ったものかもしれません。

「わたしには、似合わないんだ」と、あなたが人知れず傷ついた言葉や態度は、確かにほかの誰かから与えられたものですが、いままでその気持ちを持ち続けることを選んだのは、ほかならないあなたなのです。こればかりは、相手からどれだけ「あのときは、ごめんね」と謝ってもらってもうまくいきません。

自分を癒せるのは、自分だけなのです。自分の魂とウマちゃんのために、いらない思い込みを手放すことができるのはあなただけ。

まず、「わたしには似合わない」はやめましょう。

考え方から「似合う／似合わない」を取り外して、「本当の自分はどうしたいか」を見抜く練習をしていくことです。すると、本物の美しさと、そのままの輝きが内面からあふれ出てくるようになります。

あなたはきれいな部屋もきれいな言葉も似合う人ですよ。

人は、「自分が作ったトラップ」にはまりやすいものです

人って、頭がいいなあと思います。自分でも気づかないではまってしまうトラップを、とても上手に心の中に生み出してしまうからです。

「片づけられない自分はダメな子＝片づいていない部屋がわたしには似合っている」と考えるようになるのと同じで、たとえば、「脚が太い」といわれて傷ついた人は、「本当は履いてみたいけれど、膝上のスカートがこわい」という気持ちを後ろ側に隠して、「わたしはパンツのほうが心地いい」と思い込むようになっていきます。

それが「自分の本当の思い」だと信じていますが、心の奥は満たされません。なにかがうまくいかない人は、なにかを隠しているのです。

トラウマちゃんが固く着ぐるみをかぶって、「自分は弱いウマなんかじゃない、強いトラなんだぞ」とがんばっています（本当はとても美しくて、しなやかな強さがあるのに、「ウマは弱い」と思い込んでいるのです）。

では、自分さえもだましてしまうトラップに気づくにはどうしたらいいでしょうか。トラップだと見抜くには、「本当の自分の思い」に耳をすませることです。

あなたは、どんな願いが叶ったら幸せに感じますか？　あなたしか聞いていないひそかな願いです。誰にも遠慮しないで、自由に心に思い浮かべてみてください。

「家族と仲よくしたい（でも、わだかまりが）」

「結婚したい（でも、年齢が）」

「人前で表現する仕事をしたい（でも、ルックスが）」

「お金持ちになりたい（でも、才能が）」

願いを思い描いたときに、「でも○○（＝だから、無理）」とセットで打ち消す言葉が浮かんだ人は、「でも」と、いいわけする前の願いに、しっかり耳を傾けてあげてください。それが、あなたの内側にいるウマちゃんが抱いている本当の気持ちです。

トラウマちゃんを癒すためには、まず、この「本当の気持ち」を探し出してあげること。そして、あきらめずに、やれることを見つけていくのです。

神さまは、いまの自分ができることを受け止めて、がんばる人には必ず力を貸してくださいます。一つクリアしたら、また次の課題。順々にこなしていくうちに、階段をどんどん上がっていって、気づいたら、願いが叶っています。

だけど、最初に、「でも、〇〇だからどうせ無理」といいわけをしてしまって、「自分は、それを望んでいない」と認めないでいると、ずっとさみしいような、満たされない気持ちを持ち続けることになってしまいます。

トラップを作るのは、恥ずかしいことでも、かっこ悪いことでもありません。ただただ、人は傷つくのがこわいだけなのです。

自分のごまかしに気づいたら、「わたしって、賢いなあ。こんなに上手なトラップを仕掛けるなんて」と、笑ってしまいましょう。自分の心と向きあってちゃんとわかってあげることは大事なことです。

トラウマちゃんをあやしてあげる力が、湧いてきますよ。

「ネガティブ思考」は、遺伝や環境によるものではありませんよ

「うちの子は、いつもはじめにできないことを想定します。『じゃんけん、負けちゃうよね』『きっと、僕の絵は選ばれないよね』といったように。わたしの自己評価の低さが息子に遺伝してしまいました。きっと、育て方もよくないんですよね」

小学一年生の子を持つお母さんが、カウンセリングでそうおっしゃいました。

「親の好きではないところに自分が似ていてイヤだなあ」と思う、あるいは、「子

どもが自分のよくないところを受け継いでいて申し訳ない」と感じる。

みなさんのなかにも、思いあたる方がいらっしゃるのではないでしょうか。

いずれも、そうした思いは「自分の親（親から見たら自分自身）が○○だから」というトラウマになっていきます。

ネガティブ思考は、暗い色の種を育てる最大の肥料になってしまいます。


でも、最初に申し上げたいのは、ネガティブ思考は遺伝ではないし、まして振舞いがうつったわけでもないということ。では、なぜ、そんな余計な思いが生まれてしまうかといえば、そこに学びがあるからです。

学ぶために、子どもの魂は自分と同じ課題（トラウマ）を持っている親を選んで生まれてきます。そうして、お互いにトラウマを与えたり、与えられたりしながら、明るい面を見つける方法を思い出していくのです。双方のトラウマですから、親も子も、どちらも悪くありません。

親や年長の人は、「自分みたいになってほしくないから、そうならないように伝えてあげたい」と考えがちですが、そうではなく、まず、ご自分を癒すことです。

自己評価の低さに気づいているお母さんは、自分を責めたり、お子さんにいろいろ教えたくなったりするでしょうが、これは学びのための課題だと受け止め、最初に自分のトラウマちゃんをいやしてあげましょう。

一〇〇〇の言葉で諭すよりも、その姿がお子さんにとって、なによりのお手本になります。そして、その姿勢を示すことが神さまと決めてきた今世のあなたの学びなのです。


そうです、トラウマは、前世から持ってきた課題であることも多いのです。

前世からの課題である場合は、より深くて、ちょっと厄介なトラウマになっています。だから、ネガティブな思いを自分の中に見つけたり、トラウマちゃんの存在に気づいたりするとき、痛みを伴うのです。

一つのトラウマだけではなく、「自分を低く見ている」「人から裏切られた」「失敗するのがこわい」など、いくつもの思いが重なりあって、何重にも素顔を隠していることもあります。むしろ、「あなたはこのケースです」と一つのタイプにあてはめられることはありません。

でも、人は神さまと相談して、やりこなせる学びを決めて生まれてきます。今世のレベルでは到底乗り越えられないような学びは設定していません。

ネガティブ思考を乗り越えて学ぶために、人はこんな段階を踏んでいきます。

トラウマを否定
↓
同時に自分、またはトラウマを指摘した人・トラウマをつけた人への怒りが湧く
↓
トラウマの存在を認める
↓
トラウマと向き合う
↓

トラウマを癒す
↓
自分を愛する
↓
自分も相手もゆるす

心の中で、これだけの段階を踏んでいくのです。ある程度の時間がかかってもいいのです。でも、流れが見えると、「やってできないことはない」という気持ちにもなれますよね。

あわてないで、「一つずつ階段を上って、わたしはきれいな素顔を取り戻せる」と期待しましょう。期待とは、「期を待つ」と書きます。いますぐ変えたいとあせらないでいると、必ず、その時期がやってきます。

「その時期がこなかったら?」とネガティブに思ってしまったら? また心をおちつかせて期待しましょう。自分が幸せになることをあきらめない。なんといってもあなたの一番の応援団は神様なのですから。大丈夫、大丈夫。

神さまは、人に対して、絶対に「減点」はなさいませんよ

あなたは、生まれた日から今日まで、幸せを感じるたびに、毎日、神さまから「よく気がついたね」「今日はたくさん笑ったね」「人にやさしくできたね」と、ごほうびの点数をいただいてきました。

では、誰かにいじわるをしてしまった、うそをついてしまった、怠けてしまった、失敗を思い悩んでトラウマちゃんになったとき、「では、いま持っている点数からマイナス五点するよ」と神さまがおっしゃるかというと、そんなことはないのです。

「マイナス採点」を考えるのは、人だけです。

神様は、人が失敗をしたことで、「もう、いじわるしないようにしたい」「相手に、

いやな言葉をいってよくなかった」「サボってたくさんの人に迷惑を掛けてしまった」と気づいてトラウマちゃんを癒せたら、それに対してちゃんと点数をくださいます。

まるでお仕置きのように、「自分はダメだ」とあなたが自分を責めて素顔を隠すと、「いっぱい幸せになりなさい」と見守ってくださっている神さままで悲しい思いをなさいます。あなたの素顔がなによりもきれいなことを神さまはご存じで、まじりけのない生の状態でこの世に送り出してくださいました。絶対、減点はなさいません。だから、安心してくださいね。

成功したことも、やらないで失敗したことも、やってみて失敗したことも、すべては同じ虹色の種。ありのままを受け入れると、必ずきれいな草花が咲きます。どの色を見つけるかは、自分次第なのです。

では、「わたしは失敗していない！」「悪いのは相手だ！」と自分の振る舞いを省みない場合はどうでしょう。さすがにマイナスでしょうか？　そんなこともありません。

その場合は、成長しないので0点です。点数が減ることはありませんが、プラスもないので歩みが遅くなります。ひとつずつ、心を通せんぼしている気持ちを見つめてみましょう。

「なぜ、自分は失敗したとは思わないのか？」

「どうして、相手だけが悪いと感じるのか？」

「なにに対して、自分は腹を立てているのか？」

よく見てみると、表面からは気づかない、あなたの本当の気持ちが隠れているのに気づくはずです。

自分を責めない。人も責めない。そうやって、ものごとをありのまま受け入れると、必ず幸せになっていけます。

神さまが用意してくださっている大きな流れに素直な気持ちで身をゆだねて、わくわくしながら、楽しみながら成長していくと、いつでもごほうびの点数が増えていきます。

もし「人をゆるせない」という気持ちがどうしても心に残ってしまう人は「自分をゆるします」と一日一〇〇回言葉に出して言ってみてください。

「人をゆるせない　自分をゆるす」そうすることで少しずつ自分の心に幸せが感じられるスペースができてきますよ。

神さまが教えてくれました。これからは、「少しずつよくなる時代」

ここまで読み進めてくださって、あなたが心の中に見つけたのは、トラの着ぐるみをしっかりと何枚も着込んだトラウマちゃんかもしれません。

でも、「早く脱がせたい！」とは感じなくて大丈夫です。

わたしは、年の瀬になると、「来年は、どんな年になりますか？　そして、一年のテーマになる色はなんですか？」と、神さまにおたずねします。

あるとき、神さまが教えてくださいました。

「これからは、いっぺんによくなりはしないよ。急によくなったり、急に悪くなったりする時代をいくつも見てきて、少しずつゆっくり進むのが、人にはあっていると思ったからね」

そうおっしゃっていました。

だから、もうバブル時代の再来はありません。反対に、未曾有の大恐慌もやってきません。これからは、ちょっとずつ上向いていくのです。そういう時代になるそうです。


これまで何度も書いていますが、だから、あせらないで大丈夫。あせると人はやはり素顔を隠してしまうのです。あせりは、人と比較する気持ち、不安、おそれを呼び寄せます。

まわりの人と比べて自分が心もとないような気がしてきて、サングラスをかけて、マスクをして、帽子もかぶって……、そんなふうに、いろいろな装飾をしてしまいます。

神さまの教えてくださった流れに乗って、自分は必ずよくなれると信じて、そのままの素顔で笑っていきましょう。合言葉は、「よくなる」です。

トラウマちゃんの着ぐるみも、ちょっとずつ、一枚ずつ脱がしてあげればいいのです。

「暑いよね、大丈夫？　冷たいものでも飲む？」

そうやって、少しずつ笑いながらトラウマちゃんとお話すると、肩の力が抜けますよ。

すぐに、ゆるせなくても大丈夫。すぐに、幸せだと思えなくても大丈夫。いまは、ゆるしている途中、そして、幸せになっている途中です。

神さまに愛されるのは、どんな人？

神さまは、この世に生まれてきたすべての人を愛してくださっています。世界をすっぽりと覆っても、まだまだあふれている大きな愛。それが、神さまの愛です。神さまは、もちろん贔屓《ひいき》はなさいませんが、それでも、「神さまからより愛される人、神さまを喜ばせるのが得意な人」は存在します。

次にあげる七つの項目は、輝くばかりの神さまの愛をそのまま受け取れる人の特徴です。

・神さまを信じている人

・自分を信じている人
・心配しないで相手の成長を信じてあげられる人
・考え方、話し方が明るい人
・整理整頓できる人
・明るく楽しく努力する人
・感謝できる人

いかがでしょうか。前述の七つの特徴を持っている人は、人の目から見ても、とても魅力的です。自分に置き換えてみると、よくわかります。

もしも、あなたのことを少しも信じてくれなくて、「大丈夫?」と心配ばかりしてきて、暗い内容の話をたくさんして、整理整頓がまったくできず、努力が嫌いで、感謝も嫌いな人がいたら……。お友だちにはなりたくないと思いませんか。

あなた自身が、「できてないな」と感じた項目があっても、大丈夫です。一生をかけて、この七つのうち、一つでもできる項目を増やせるように、前向きに暮らしていければ、それで十分なのです。

前向きなあなたには、ウマちゃんがちゃんと寄り添ってくれています。

第二章

すべての出会いは「最高」です

本当は、「いじわるな人」も「いやな人」もいません

ネガティブな思い込みやおそれは、ほかの人たちを通じてあなたのところにやってきます。では、相手が本当に悪い人かといえば、そんなことはないのです。

確かに、そのときは、あなたにいじわるをしたり、いやなことをいったりした相手なのですが、本来の魂はみんな美しく光り輝いています。

いやなことをいう人の心にも、何らかのトラウマちゃんが住んでいて、それを隠すために、あるいはトラウマちゃんを見るのがこわいから、自分を守るためにいじわるをする人もいます。そう考えると、この世界には「いやな人」は一人もいなくて、ただ、あなたと同じように「トラウマに傷ついている人」がいるだけなのです。

「へんなワンピース！　そんなの、まったく可愛くない」

カウンセリングで小さい頃のお話になったときに、

「小学一年生のとき、お友だちにそういわれて、とても悲しかったです。それ以来、失敗したり、人からいやな感情を向けられたりすると、その情景がよぎって、よけいに自信を持てなくなるときがあります」

と、おっしゃった女性がいました。

しょんぼりする小さな女の子が見えたのと同時に、わたしのもとには、いじわるをいった相手の子の気持ちも飛んできました。

その子は、本当は、とってもそのワンピースがうらやましかったのです。

でも、「いいなあ」という憧れが、「どうして、この子ばっかり」というやきもちになって、そのうちに、仲がよくない自分のお父さんとお母さんのことを思って悲しくなり、ついお友だちにいじわるをいってしまったのでした。

もちろん、当時七歳だった女性に事情を察してあげてねというのは無理なお話です。しかし、「あの言葉は相手の本音ではなかった」と見方を変えて気づけたら、いやな人や、いやなできごとは思い出の中から一つずつ消えていきます。

「いまも、そのお友だちは当時のことを思い出して、ときどき胸がチクンって痛んでいるみたい。あなたと同じですね。『そっか、うらやましかったんだね』ってあなたが思ってあげられたら、その気持ちはやさしい波動になって相手に届きます。もう会わない人かもしれないけれど、そのときの相手にゆるしの波動を向けると、あなたもその人も幸せになれます。いますぐにはできないかもしれないけれど、そのことは知っておいてね」

わたしがそう話すと、女性は少し考え込んでから、打ち明けてくれました。

「幼いながらも、なんとなく、その子のおうちが大変なのはわかっていました。自分の心のどこかに、『いいでしょ』っていう優越感があったんです。でも、わたしは自分にいじわるな気持ちがあることを認めたくなくて、よけいに相手を『いやなことをいう悪い子』だって、長い間、思い続けていたのかもしれません」

人は、とても上手に自分にもうそをつきます。だから、いくらわたしが、「あなたの中で、ウマちゃんがトラウマちゃんになった理由を探しましょう」といっても、自分ですんなり見つけることはできません。

やきもちから、いやなことをいってしまった女の子。自分のいじわるな心を認めたくなくて、お友だちに傷つけられた思い出をずっと持ち続けてしまった女性。

二人ともが悪くありません。自分の気持ちを上手になだめるにはあまりに幼かったり、さみしかったりしただけだと、わたしは思います。

ご自身でそれを認めた彼女は、相手も、そして自分のこともひとつゆるすことができました。心の中でかけ続けていたサングラスをはずして帰っていかれる間際のお顔は、いらしたときよりもずっと輝いていました。

二章では、わたしが実際に知っている「人との関係を通して、素顔を隠して苦しくなってしまった人たち」のお話をご紹介していきたいと思います。

読みながら、「自分に似た人はいないかな」と探してみてください。そして、あなたの思い出の中や、いま現在、うまくいかないと感じていることがあったら、自分の本当の思いと相手の思いに心を向けて明るい見方をし、幸せな道をさがしてくださいね。

あなたは神さま。そして、相手も神さま

わたしたちは、お空の上で神さまの分霊《わけみたま》をいただいて生まれてきました。

つまり、あなたの中にも神さまがいらっしゃるのです。人は自分のことも上手にだまして素顔を隠してしまいますが、内側にいらっしゃる神さまはすべてをご存じなので、心がつらくなったり、苦しくなったりするのです。

自分の中に神さまがいることを思い出せたら、人と比べることも、誰かをうらやむことも、妬《うら》む必要もないことに気づけます。そして、相手の中にも神さまがいら

っしゃるのですから、人を侮《あなど》ったり、蔑《さげす》んだりすることもできなくなるでしょう。

自信を失ったり、反対に人を下に見る気持ちが湧いたりしたときには、「自分も神さま、相手も神さま」と唱えてみてくださいね。

一人さんは、よく「我以外皆師匠」といういい方をなさいます。「自分以外のすべての人が、大切なことを教えてくれる人生の師匠である」という意味の言葉です。

苦手な人や嫌いな人だって、自分を省みるきっかけをくれたり、がんばる気力を与えてくれたりするものだと、わたしに教えてくれました。

あなたにも、思いあたることはありませんか？

「嫌いな相手を見返したい」と思ってがんばったこと。「あの人のようなふるまいはしたくない」と感じて自分の襟を正したこと。そう考えて振り返ってみると、いやな役回りをしてくれた相手のおかげで、大きく魂が向上できたといえます。

「うちの父だけはどうしても神さまだとは思えません。来週、一〇年ぶりに会わないといけないのですが、憂鬱です。ふた言目には、『生活が大変だから、お金をよこせ』っていうんですよ。あれが神さまだなんて、到底信じられない」

カウンセリングルームで、あるお客さまがいいました。

お父さんを「あれ」と呼ぶ女性からは、怒りと一緒に悲しみの波動が伝わってきました。心の奥で、お父さんを好きだと思えないことに苦しんでいるのです。

「会いに行かなくていいよ、って自分にいってあげて」

わたしがそういうと、彼女は声を上げて泣きました。

その人は、自分でわかっているのです。「あんな親」といいながら、それでも心配で会いに行ってしまうことを。でも、「会いたくない」という気持ちを「悪いこと」「ないもの」として否定すると、トラウマちゃんがどんどん育ってしまいます。

まず、「いやだと思っている自分」を、ありのまま認めてゆるしてあげてほしいなと思います。

「一〇年ぶりに会って、やっぱりいらいらしたらどうしましょう」

泣きやんだ彼女が、心配そうな顔をしています。

そこで、わたしは「お父さんを薄目でぼんやり見てみて」とアドバイスしました。

「視界をぼやかすと、『うーん、神さまかもしれないなあ』って思えなくもないから。それで、薄く目を開けたまま口角を上げてみてね。無理に話さなくてもいいの。そうやって眺めているだけで、まわりの人からはまるで笑っているみたいに見えるでしょ。そうすると、誰もいやな思いをする人がいなくなるのよ」


実家への訪問日が過ぎた頃、彼女がサロンに遊びに来てくれました。

「理絵先生にいわれた通り、がんばって口角を上げていたんです。そうしたら、少し気持ちに余裕ができて、父の顔を見て話すことができました。『まったく変わってないな～』と思って笑ったこともたくさんあったんですが、今回、はじめて気づいたこともあります。

わたしは、本当は親孝行をしたかったのかもしれません。だから、できない自分を責めていたんじゃないかと思いました。そして、孝行できないのは、親があんな性格だからだってお父さんのせいにしていました。それがわかったら、すごく楽になったんです」

いままで、わたしのカウンセリングを受けたり、講演を聴いたり、本を読んだりした直後は、「そうだわ、自分で自分を幸せにしなくちゃ」と思えるのに、すぐにまた「幸せになるって、わたしが決めてもいいのかな」と、気持ちがもとに戻ってしまったそうです。お父さんへの後ろめたさが、自分への自信をじゃましていたのですね。

彼女は、お父さんを疎ましく思いながらも、心の底では親孝行したいと願っている本当の気持ちに気づいて、「いま、できる範囲のことをしながら、幸せの道を進んでいこう」とはじめて素直に思えたそうです。

どんな人にも、どんな人生にも、必ず学びがあります。

そして、みんな自分で決めた学びのテーマにふさわしい最高の親を選んで生まれてきます。自分も神さま、相手も神さま。

お互いがお互いに学ばせてもらって、魂を成長させる修行をしている途中なのです。

「心配」は「無関心」と同じことです

「息子は大学生になってから、連絡もせずに夜遅くまで出かけることが増えました。『事故に遭ったのではないか』『なにか悪いことに巻き込まれたのではないか』と、気が気ではありません。どうしたらいいでしょうか」

ある五〇代の女性がおっしゃいました。その人は、いつも一人息子を心配しています。

赤ちゃんのときは「まわりの子に比べて発育が遅くないかしら」と心配し、小学校に入ると「学校でうまくやれているだろうか」と心配し、受験のときには自分が夜も眠れないほどに心配してきました。その人を通して、心配しているシーンがあんまりたくさん見えたので、内心、「お母さんのほうが疲れてしまわなかったかなあ」と感じたほどでした。

息子さんは、ただお友だちとの付き合いに熱中して、電話やメールを忘れるだけなのですが、お母さんは、「なにかあったのではないかしら？」とオロオロし、そのうち「ひと言でいいからメッセージをくれれば、わたしはこんなに悩まないのに」と相手に腹を立てて、悲しくなって、さらに自分を苦しめてしまいます。

そして、息子さんが「ごめん、ごめん、友だちの家に行っていたからさ」と帰ってくると、「うそをついてるんじゃないの？　本当は女の子といたんでしょう？」と、邪推を口にして、どんどん子どもに嫌われていってしまいます。

本来、とても想像力が豊かな方なのですから、「いまごろ、友だちと楽しく過ごしていいるかしら」と明るいことを考えたらいいのですが、「捨てられる、きらわれる」というトラウマを心に隠しているので、そうしたイメージが湧いてこないのです。

　では、このお母さんがどんな気持ちを隠しているかというと、「捨てられる」「嫌われる」という強い恐怖心でした。その方が小学四年生のときにご両親が離婚しているのですが、両方が積極的に親権を欲しがらなかったため、「自分はいらない子」だという気持ちが刷り込まれてしまったのです。

　そして結婚後は夫に、出産後は子どもに依存をして、「あなたが必要」だといつも誰かにいってもらわないと、途端に不安になってしまいます。だから、どんなときも人の顔色を伺うお母さんの胸の内から、心配ごとはなくならないことが伝わってきました。

　息子さんも過干渉のお母さんに対して、小さい頃は「いい子にしていないと、嫌われるのではないか」と漠然と感じていたことがわかります。両親から与えられた恐怖感を、今度は母親になって子どもに与えていたのですね。


でも、このお母さんはけっして悪くありません。

トラウマを親から与えられる、次は自分が子に与えるという相互を経験して完成する学びもあるからです。その方のご両親は子どもに対する愛情がなかったわけではなく、当時は夫婦関係で疲れきっていて、心に余裕が持てなかったのです。

ただただ、未熟だったのです。そうした親も、ありのまま受け入れてあげることです。


でも、まだそこまでお話しても許容量を超えてしまうだろうな、と感じたので、「心配とは愛情ではありません」とだけお伝えしました。

「心配することは、じつは無関心と同じくらい愛とはかけ離れた気持ちなんですよ」というと、その人は心の底から驚いた顔をなさいました。

自分の子どもだとしても、相手の中にはちゃんと神さまがいらっしゃるのです。

よくない想像をして、「大丈夫かな」と心配ばかりするのは、その人の内側にいる神さまを信じていないのと同じことです。その人はいいました。

「では、子どもに依存しないように、趣味を持てばいいですか？　もっと、自分の時間をつくったらいいのでしょうか」

いいえ、そういうことではありません。

自分で、「見捨てられたらこわい」というトラウマを癒してあげるしかないのです。それをせずに逃げてばかりいると、また同じ問題が必ず形を変えてやってきます。

このお母さんには、「自分をゆるします」この言葉を一日一〇〇回、三週間いうこと、見捨てられる恐怖を自分が持っていることを認めることと、息子さんをどこまでも信じるように明るい考え方を練習するようにお伝えしました。

気持ちがぴったり合うと、「気合」が入ります

このお母さんのように、自分はよかれと思っているのにうまくいかないとき、「トラウマちゃんが顔を出しているせいかもしれない」と気づける方法があります。

人とぶつかる、ものごとがスムーズに運ばない。そうしたときに、「苦しい」と感じたら、あなたの中のウマちゃんがトラの着ぐるみをかぶって震えている証拠です。

心が苦しいときは、「気持ちのチャンネルが違っている状態」だといえます。

本当のわたしたちは、楽しいこと、うれしいこと、やさしいことにチャンネルを合わせて、穏やかに落ち着いているのがありのままの状態だといえます。

先ほどのお母さんも、気持ちのチャンネルを直すと本来の明るいパワーが湧き上がってきて、「お風呂のお湯を新しくしておいてあげよう」とか、「好きなおかずをつくっておいてあげよう」と息子さんを気遣いながら、「次から、ごはんいるかいらないかだけメールちょうだいね」とやさしく伝えることができます。

でも、「一人はこわい。拒絶されたらどうしよう」と悪い結果をイメージしてばかりいて、気持ちが違っていると、子どもを攻撃して、夫にも面倒がられて、結局、一人ぼっちになる状況を自分で生み出してしまいます。

「苦しい」と感じるときがあったら、まず、「自分はいま、気持ちチャンネルが違っているんだ」と気づいてください。

そして、「そういうときがあるのも仕方がない」と受け入れ自分をゆるすのです。

次に、「じゃあ、どうして苦しいの？」と、「自分の中の神さま」になったつもりで自分に聞いてみましょう。どんなに巧妙なうそで自分やまわりをだませても、神さまにうそをつくことはできません。

そして、苦しい理由を見つけたら、「あなたは相手に伝わるように言葉を尽くしましたか?」とたずねてみてください。勝手に心配したり疑ったりしたのは自分なのに、相手がそうさせていると決めつけて、いきなり小言や怒りをぶつけていませんか。その言動から愛情を感じる人がいますか? と。

そうやって冷静に、神さまになったつもりで自分に質問を続けていくと、気持ちのチャンネルが幸せにふさわしい状態にぴったりと合っていきます。すると、人は気合が入って、とても楽にものごとを考えられるようになるのです。

チューニングをする段階は、必要なときに訪れます。

気持ちが違っていて苦しいと自分で感じたときが、「神さまの自問自答」をする最良のタイミングです。

「かわいそう」は、人のことも、自分のことも低く見積もる言葉です

人に対して、すぐに「かわいそう」という言葉をいいがちな人は、心の中に自分を侮辱する気持ちを持っている自己評価の低い人だといえます。

自分のことを無意識に「かわいそう」だと思っているから、人のことも同じ目線で見てしまうのです。


以前、リストラをされた男性がカウンセリングの冒頭で、「わたしは会社から、利用されるだけされて、まるでごみのように捨てられました」とおっしゃいました。

ご自分を「ごみ」と表現したのは、会社ではなくその人自身です。そこは、「リストラに遭いまして」という表現で十分だと思うのです。

もともと自己評価が高くなかった男性は心から傷ついて、リストラによってより低く自分を見積もってしまったのでしょう。

ほかにも、

「こんなわたしのところに生まれてきてくれて」

「こんな僕と結婚してくれて」

「こんな自分を入社させてくれて」

「こんな簡単なこともできなくって」

お話をしていると、自分を侮辱するいい方をする人は少なくありません。

少し謙虚なくらいならいいのですが、そういう表現が自然に身についている人は、家庭や職場でなにかしらの問題が起こったときに、「わたしのせいで」とさらに自分を追い込んでしまいます。

そして、恋人や配偶者にＤＶを受けても、「自分が悪いから殴られるんだ」と考えて、悪くすると、「殴られるのが自分の喜び」だという誤った思い込みで素顔を隠していきます。

あまりにも自分自身を低くみていじめていると体にも不調がでてきます。大事なプレゼンや大きな仕事の前におなかがいたくなったり、胃がいたくなったり。そんなときは「大丈夫。自分はすごい人」と自分にエネルギーをあたえてあげましょう。

「過大評価をしたらいけないから、自分を低く見積もろう」と考えがちな人は、そのストッパーを外したくらいが、ちょうどいい状態です。自制する人は、自己評価のメーターを過大評価に振り切ることは絶対にないので、心配しないでも大丈夫です。

人にも、過剰な「かわいそう」を向けることはやめましょう。

病気に苦しんでいる方や大きな悲しみに直面した方を見たときに、思わず「かわいそう」という気持ちがこみ上げてくるかもしれません。

しかし、相手の方は、病気や災難からなにかを学んでいる途中かもしれないのです。病気をしたからこそわかった健康のありがたみや命の重さ、災難の中で感じた人の温かさをかみ締めて、それまで以上に、丁寧に日々を味わっている人がたくさんいらっしゃいます。

相手のウマちゃんの輝きに気づこうとしないで、「かわいそう」と不憫に思うだけでは、相手がいま以上に幸せになることはないといっているのと同じです。

そもそも、その人たちは、さまざまな逆境を乗り越えようと決めてきたとても勇気ある魂の持ち主ですから、いまの状況は確かにお気の毒ですが、いつまでもそこに留まってはいません。

「あなたは、必ず幸せの道を進んでいかれます」と、そっと愛をこめた祈りを捧げて、相手の勇気を信じてあげてくださいね。

そして、その祈りをあなた自身にも捧げてあげてください。

あなたの前に現れるのは、いつも「ベストの相手」です

他人と無関係に生きていける人はいません。人として生まれてきた以上、出会う人との間に、よりよいご縁を結びたいものです。

誰かに対して不満を持ったり、疑問を抱いたりするのは、相手のことをまだよく知らないからです。「いやだな」と感じる人がいたら、最初から距離を置くのではなく、自分からその人にかける言葉を増やしてくださいね、とわたしはよくお話しします。

「なんだか、波長が合わなさそう」「○○さんが、この人のことをよくいっていなかったから」など、思い込みで素顔を隠して、暗い種をまいてしまったら、自分で進んで不幸な関係を築くことになります。

まず、勝手な先入観は持たないことです。相手のふるまいをありのまま見つめて、どんなことを喜ぶ人なのか、反対になにをいやだと感じる人なのかを理解しようとすること。理解とは愛の波動に満ちています。

そして、いつでも、どんな人でも、「ベストの状態」であなたの前にいるということを知っておいてください。わたしがいう「ベスト」には、二つの意味があります。

まず一つ目は、恋人でも友人でも通りすがりの人でも、目の前に現れるのは、いまのあなたにもっともふさわしい「最高の相手」だという意味です。わたしたちの魂は波動を出していますが、同じ波動はお互いに引き寄せあいます。だから親しくなる人ほど、魂の状態が似ているといえます。

二つ目の意味は、「相手はいまの段階が最高の状態」だということです。あなたが「未熟」に感じる人も、その人の人生ではベストの状態にいます（そして、それは、あなたも同じです）。みんなスタート地点が違うので、人と比べて批判をすること自体が、じつはおかしな話なのです。

赤ちゃんに向かって、「どうして歩かないの！」と怒る人はいませんよね。でも、相手が大人だと思うと、「なんで、できないの？」と怒りや呆れの情を抱いてしまいます。

だけど、転生をくり返して魂を磨き続けているわたしたちは、よーいドンで生まれ変わるわけではありません。人によって学びの段階が違うのは当然のことなのです。

この世には、親を助けるために生まれてくる子もたくさんいます。立場は子どもであっても、魂のレベルは親よりずっと高い人もいるのです。

どちらにせよ、自分も相手もいまがベストなのに、人に腹を立てたり、うらやんだりしてはいけません。それは、たとえるなら四年生のお教室にいながら、「六年生はずるい！」「一年生はバカだ！」とひがんだり、怒ったりしている状態だといえます。

一年生は二年生になるために一生懸命に勉強をしている途中です。毎日、最高の状態で過ごしている一年生なりに充実した生活です。六年生は、四年生や五年生の時期をきちんとこなしたから進級ができました。

どんな人に対しても、「いまがこの人にとって、最高の状態なんだ」と知ると、腹が立たなくなります。そして、これからもっとよくなるんだと信じてあげることができます。

また、自分のことも、「四年生として、最高の状態でここにいる」と考えると、なにひとつ恥ずかしく思うことはなくなります。

「学びのチャンス」を、摘むことはやめましょう

ときには、劣等感やトラウマちゃんを育てるくらいの大きな衝撃が、自分の素顔

を思い出させてくれるきっかけになることがあります。

たとえば、自分の子どもが借金を重ねたり、悪いことをしたりしたときに、親はすぐに助けてあげたくなるかもしれません。しかし、親が代わりにお金を返済したり、かばったりした子どもは、必ずまた同じことをくり返します。

どうしてかというと、自力で解決する経験をしたいのに、親が先回りをして、学びのチャンスをなくしてしまうからです。

すると、次は「借金してはいけない」「悪いことは自分も人も傷つける」と、より深くわかるところまで経験できるように、もっと大きな借金や、さらに悪いことに手を出すようになります。

「解決に奔走するのではなく、ありのままのお子さんを受け入れてあげてください」というと、「じゃあ、黙って見てなさいっていうんですか！」と怒る人もいますが、「心配でたまらない（あなたには無理だから、手伝ってあげる）」という親の気持ちが、子どもには成長を拒絶されているように感じられて、悪いことをする原因のひとつにもなります。

心から、大丈夫だと相手を信じることです。いまはどんなに幼く見えても、人はいつか自分で気づいて、学んで成長していきます。

また、子どものためにと先回りをして問題の解決に心を砕き続けた親が、子どもと共倒れしてしまうこともあります。その場合は、それも含めての学びなのです。「本人に解決させなかったから、より多くの問題を引き寄せてしまった」と気づけたら、親にとっても大きな学びになりますし、その親の姿を見て、子どもが得るものも大きいでしょう。

相手があなたにとって、どんなに大切な家族や恋人や親しい友人でも、その人が自分で決めてきた学ぶチャンスを奪ってはいけません。

本当に困っているときには、どうしたらいいのかを一緒に考えて、相手ががんばれるように支えてあげましょう。また、相手が学ぶための痛みを感じながら、自分で立ち直れるような手の貸し方をするのもいいことです。

「心配」は「心を配る」と書きます。いつでも配るのは、明るく幸せな心にしたいものです。

「相手は学んで、必ずよくなれる」と信じて、あなたは、自分の心を幸せで満たしていってください。人は自分が持っているものしか与えることができないので、迷いや不安で心が満たされていると、それを配ることになってしまいます。

だから、いつも幸せな心地で相手に幸せの種を手渡すことが、いちばんの助けになるだろうと思うのです。

「あなたを振り回す人」から、学び成長する

カウンセリングを通してもっとも多く出会うのが、人間関係のトラウマちゃんです。

なかには、強い苦手意識を抱いた相手の前から、物理的にも心理的にも逃げる人がいます。その方たちに共通しているのは、逃げてもけっして楽にはならなくて、当時のトラウマに苦しんでいるとカウンセリングで訴える点です。

「母親に責められてつらかった」

「上司がとても理不尽だった」

「別れた彼女が、すごくわがまま」

そして、かつて自分が振り回された相手と似た雰囲気の人を見ると、「また同じことをされるのではないか」と怯えてびくびくしたり、愚痴をいったりします。

こわがらないでほしいのですが、そうやって逃げ続けている間は、姿や立場を変えて同じような人が目の前に現れ続けます。

一見、自分よりも強い相手に振り回されているようでいて、本当は自分で自分を振り回しているのです。過去にトラウマを持っている方たちには、相手に気持ちを乱されない距離をとりながら、自分はいつでも明るくしていられることに、早く気づいてほしいなと思います。

いじわるをする人は、相手が困ってくれるのがいちばんの喜びです。あなたは、そんなわかりやすいトラップに引っかかってはいけません。「苦手」「嫌い」「こわい」という思いを抱いたまま心の中で逃げ続けないで、「相手にもトラウマがあったんだろうな」と理解しようとしてあげると、もう、似た人が目の前に現れることはなくなります。

困った人が仕事関係や親戚など、どうしても付き合わなければいけない相手のときこそ、明るさでカバーです。明るさに出会うことが少ない人たちなので、あなたがいつでも機嫌よくしていると、きっとびっくりすることでしょう。

相手は成長している途中です。

あなたはゆるしている途中です。

もしも、つらくなったら、いまは幸せの道を一歩ずつ進んでいるところだと確認するためにも、「途中」という言葉をたくさん使ってくださいね。

トラウマの連鎖は、自分で断ち切ると決める

ある三〇代の男性が、実家のお父さんに激怒しながらカウンセリングルームに入っていらっしゃいました。

お父さんは自分の父親（相談者の方から見た父方の祖父）から受け継いだ会社を大きくした二代目社長で、男性は家業とは関係のない専門職についていらっしゃいます。

体調を崩して実家で寝込んでいるお母さんを見舞うために、男性が久しぶりに実家に帰ったときのことです。家の近くでばったりお父さんに出会ったのですが、お父さんは男性の顔を見るなり、「おまえにいっておきたいことがある」といいました。

「なに？」

「遺言状をつくった。おまえに財産は一円もやらない。弟と妹に分配させる」

出会いがしらにそんな言葉で挑発されたと、頬を真っ赤にして怒っています。

「だいたい、親父は子どものときから自分に厳しくて、弟と妹には甘かったんですよ。会社の後継者に指名したのも弟だったし、どれだけ俺が憎いというんでしょうか！」

自分は長男なのに、弟に比べて無能で可愛くないと拒絶された気がした男性は、失望してお父さんとは疎遠になりました。

「あなたは、お父さんに怒りながらも、『拒絶された』というトラウマに苦しんでいるのね。でもね、それはお父さんも同じなのよ。お父さんは、あなたのおじいちゃんから『長男のおまえが家を継げ』と決められて、自分を拒絶されたと感じていたの。本当は、ほかにやりたい仕事があったのね。だから、あなたを見ていて、『長男はこの業種に向いていない。自分と違って好きなことをさせてやりたい。弟なら適性があるから大丈夫だ』って考えて、あなたが安心して家を出られるように、環境を整えたのよ」

「えっ……、まさか。だって、親父からそんな話はひと言だって聞いたことありませんよ」

「いったら、あなたは気にするでしょう？　それに照れくさくて、本音がいえないの。『財産はあげない』っていう言葉の本当の意味は、『会いに来てほしい』よ」

「信じられないな……。僕に会いたいって、あの親父が思っているんですか？」

「どうして、親子二代で同じ『親に拒絶された』ってトラウマを持っているんだと思う？　それはね、『連鎖させずに自分で断ち切りなさい』と学ぶためです。あなたのところにも男の子がいらっしゃいますね。その子にまで、同じ思いを抱かせないためにも、ありのままを受け入れて、会いに行ってごらんなさい。気が向いたらでいいけどね」

そんな会話をした翌週末、男性は奥さんとお子さんを連れて、数年ぶりに家族そろってご実家に行きました。たまたま来ていた弟さんがものすごく喜んで、甥っ子である息子さんにお小遣いをくれて、「よく来てくれたね、大きくなったね」と目を細めながら、ずっと頭を撫でていたといいます。

しばらくすると、お父さんが外出先から戻ってきて、長男一家を見るとびっくりした顔で固まり、「あぁ……」といっただけで、二階に上がってしまいました。

すると、息子さんが悲しい顔でいいました。

「パパ、おじいちゃんは、きっと僕のことが嫌いなんだよ」

男性は、はっとしながら「この子に、ここで拒絶のトラウマを植えつけてはいけない」と思って、「違うよ、二階のおじいちゃんのお部屋に行って『あいさつしておいで』」と答えました。男の子がおずおず部屋に入ると、おじいちゃんは顔をくしゃくしゃにして、しゃくりあげて泣いていました。

あんなふうに憎まれ口をきいた自分のところに、まさか家族三人で来てくれるなんて思ってもいなかったから、すごくうれしかったけれど、どうしていいかわからなくなってしまったのです。帰り際、息子さんが、「おじいちゃん、また来るね。

今度は、ハンカチを持ってくるからね」といったので、みんなが少し笑いました。

「もう遺産のことは、どうでもよくなりました。親父にもそんなトラウマがあったなんて、まったく知らなかった」と、男性は晴れ晴れした顔でおっしゃいました。

そして、男性が、お父さんをゆるそう、拒絶に傷ついていた自分もありのまま受け入れようと気持ちを決めてから、お母さんの容態がみるみるよくなっていきました。

お話から弟さんの波動の豊かさが伝わってきたので、たとえお兄さんと仲違いをしたままでお父さんが亡くなったとしても、ちゃんと遺産を分配したことでしょう。でも、それだと男性は、いなくなったあともお父さんを恨み続けたはずです。そして素直に弟さんに感謝することもできなくて、さらに苦しんだかもしれません。

自分からトラウマの連鎖を断ち切った男性には、今度は豊かさの連鎖が訪れるはずです。

人のご機嫌伺いはやめて、いつも自分の機嫌をとる

自分では、人生で出会うすべての人を選ぶことはできないと思われるかもしれません。

いくつになっても、どこに行っても、いやな人が自分の世界から一人もいなくなることはないからです。でも、好きな人だけに囲まれている環境は確かに幸せですが、魂が大きく成長できる機会は少なくなってしまいます。

一人ひとりが違う役割を持っているので、あなたにとって苦手に感じる人やいじわるな人がいるのも、じつはありがたいことなのです。

ただし、身近に引き寄せる人は豊かで、やさしくて、ユーモアがあって、一緒にいてうれしくなる人がいいですね。その相手は、自分で選ぶことができます。

これまでに波動について何度か書きましたが、わたしたちが出している波動には周波数があって、お互いに共鳴しあいます。素敵な人と出会いたかったら、自分の波動を上げること。これしかありません。

波動が下がっているのは、自分で自分を否定しているときです。「わたしはバカだ」と感じていると、「あんたって、バカよね」と、さらに劣等感を植えつける人が近づいてくるのです。そして、文句をいう人、暴力をふるう人、悪口が大好きな人と、おかしな周波数の人がますます近くに集まってきます。

波動を上げるためには、いつでも自分の機嫌をとることです。親やパートナーや子どもや上司や先輩のご機嫌をとる前に、いつも自分を機嫌よくさせてあげましょう。すると、あなたの明るい波動に照らされて、相手の機嫌も直っていきます。

自分はどんなことをすると機嫌がよくなるのか、たくさんその方法を知っているといいなと思います。

好きなものや好きな人のことを考える。話すと元気になるお友だちと、心ゆくまでおしゃべりする。大好きな曲を聴く。お気に入りのカップで、おいしいお茶を丁寧に入れて味わう。ウィンドウショッピングをしまくる。晴れた日にお散歩する。テーブルに好きなお花を飾る。ゆっくりお風呂に入る。少しお高めのチョコレートを食べる。

ささやかで、すぐにできる方法があるといいですね。

あなたのご機嫌がいいと、ウマちゃんもリラックスして、苦手な人や嫌いな人の前でも着ぐるみを脱いだままでいられるようになります。

第三章　本当に幸せな恋愛と結婚

なぜ、わたしには、出会いがないのでしょうか？

「出会いがありません」

「いい人が、いないんです」

カウンセリングをしているなかで、独身の方からよくお聞きする言葉です。あるときは、一日に立て続けに三回も別々のお客さまからそういわれたことがありました。

さて、この二つのいい回しには、「自分には問題がないんだけれど、恋人ができない。つまり環境が悪い」といういいわけが見え隠れしています。

あるいは、本当は恋人候補にしたい人がいるのに、相手に選ばれなかったら恥ずかしいから、「わたしは、あなたにまったく気づいていません。その気はありませんよ」という予防線を張るために、こうおっしゃっている方もたくさんいます。心の中に「傷つきたくない」というトラウマちゃんが住んでいるのですね。

また、「みんながいっているから、なんとなくそうなのかなと思って、自分もいうようになった」という気持ちが、波動から強く伝わってくる人もいました。


恋愛がしたい、恋人がほしいと思っている方は、「出会いがない」「いい人がいない」と嘆くのを、まずやめることから始めましょう。

いつもと同じ生活をしているだけで、突然、ドラマのような出会いが訪れたり、会った瞬間にときめくような人が向こうから告白してくれたり、そんな奇跡は起こらないからです。努力しなくても誰かがきっと迎えに来てくれる、待っていれば素敵な人が見つけてくれるという考えでは、お相手にばかり苦労を押しつけることになります。

理想の出会いや恋人を想像して、ワクワクしながら波動を上げるのは素敵なことですよね。でも、あまり理想にこだわりすぎると、「それ以外はいい出会いではない、いい人ではない」と、無意識に執着のトラウマちゃんを育ててしまうことにもなりかねません。

そして、「いい人がいない」とまわりのせいにしていると、自分も異性から「いい人（魅力的）ではない」といわれる対象になってしまいます。

あなたが考える理想の人との出会いは、どんなふうにすると訪れますか？

恋が始まる前のプロローグの妄想をたくさんして、思いと行動を一緒にしていきましょう。どういうことかというと、妄想で思い描いた理想の恋人が、どうすれば自分を好きになってくれるのかを具体的にイメージして、毎日、実行していくのです。

素敵だと思われる人になるために、いつも笑顔を心がける、まわりの人にやさしくする、丁寧な話し方をする、よりいっそう仕事に打ち込む、おしゃれをするなど、あなたのいいところをさらに伸ばしてください。

また、ふだんと違う電車の車両に乗ってみる、買い物するルートを変えてみる、新しいお店を開拓してみる、習い事を始めるなど、思い切って行動を変えてください。

まず、自分が、相手にとっての「いい人」になれるように行動して、魅力的にふるまうと、きっと出会いがやってきます。

なぜ、好きな人から愛されないのでしょうか？

あるとき、カウンセリングルームに入ってきた四〇歳の女性を見て、思わず、「あなたとっても美人ね。かみの毛をきれいにたばねてもっと顔を出すといいわよ」

といってしまいました。彼女はとても顔立ちの整った人なのに、髪の毛はボサボサで顔にかかり、前髪もはねています。乱れた髪の毛のせいで、波動が暗く下がってしまっていて、本当にもったいないと感じたからです。

「忙しくてかまっていられないんです」

「会社にも、その髪の毛で行っているの？」

「はい、そうです」

「そう。じゃあ、社内にいるというあなたの好きな男性も、あなたをかまってはくれないわ。だって、自分を大切にしない人は相手からも大切にされないのだから」

「彼は、もともと望みがないので。わたしは、いつも好きな人から好かれないんです」


その人が好きなのは同じ会社に勤めている二五歳の男性です。「自分はいつも好きな人には好かれない。身だしなみを整えられないのは、時間がないから」と話す彼女の後ろから、トラウマちゃんがのぞいていました。わたしは、あえて少し厳しい調子でお話しました。

「いつも、っていうけれど、それはいいわけじゃないかしら？　わたしは、すごく年下の男性から真剣に告白されることもありますよ。丁重にお断りするけれど、わたしが忙しいからと自分にかまわずジャージでカウンセリングをしていたら、『一日中、この格好なんだろうな』って幻滅されて、相手から好意なんて持ってもらえないと思うわ。それと同じじゃないのかな？」

そういうと、「でも」と彼女がうつむいて、

「理絵先生に、髪の毛のことを指摘されて傷つきました」といいます。

「よく聞いてね。わたしは、『美人ね』っていったんだよ。それは聞かないフリをして、いやな部分だけを受け取って、『うまくいかないのは、あの人のせい』だって、思い続けていくの？　それはよくないわ。あなた、彼のお母さんと自分はそんなに年齢が違わないんじゃないかって気にしているでしょ。だから、『自分なんかに、きれいな髪は似合わない』って過小評価しているのね」

年が離れているから、彼に好かれるはずがない。その上、自分はいつも好きな人

から好かれない。彼女が先回りしてストーリーを作ってしまっているのは、振られたときのいいわけなのです。その人のトラウマちゃんは、「自分を大事にして、きれいにして、その上で振られたらどうしよう」というおそれから生まれていました。

また、自分を自分で愛していない人が、人から愛されることは難しいのです。なぜなら、自分を嫌いな人は、他人のことも心から信用して愛することはできないので、そのことが波動から伝わってしまうのですね。人間は、「自分も、人も好き！」という明るい波動を出している人に安心感を抱いて、惹かれるようにできているのです。

「とにかく髪の毛をきれいにして、勇気を出して告白してみて。好きな人に好かれる努力をするところが、すべてのスタートですよ」

自分で自分を尊重し、可愛がってあげないことには、恋人を引き寄せることはできません。身だしなみをきちんとしておしゃれをすると、まず自分の中の神さまがよろこばれます。そして、相手の中の神さまも「気持ちのいい子だな」と思ってくださるのです。

二カ月後、彼女がまた来てくれました。

どうなったと思いますか？　彼女は好きな人に告白をして、ちゃんとうまくいったのです。誰かを好きになるときに大切なのは年齢ではないのですね。彼とおつきあいをはじめた彼女は、本当にきれいでした。ただ髪の毛を整えただけなのですが、みんなから「雰囲気が変わりましたね」といわれるそうです。

その人は、「振られたときにショックを受けないように、自分から振られる理由をつくっておく」ことをやめて素顔に近づいたので、本来の魅力が波動にあふれ出てきました。

好きな人から好かれないという悩みを持っている人は、応えてもらえないことをこわがるあまり、自分を愛する努力を放棄してしまっていないか、考えてみてくださいね。

「運命の人」は、いますか？

「私には運命の人はいますか？」

これも、多くの方からされるご質問のひとつです。

「いますよ！　ほら、あの人です」といえたらいいのですが、残念ながら、運命の人はそんなふうに人から教えてもらえる相手ではないのです。いるかいないかでいえば、います。必ず、誰にでも運命の人はいます。

だって、今世で出会う人は、すべて運命の人なのです。

いやな人も、いい人も、みんなが運命の人。生まれる前に、お空の上でしてきた「あなたと出会って、魂を磨くお手伝いをするね」という約束をちゃんと守ってくれた人たちです。

たくさんの人と出会うなかで、お互いが運命の人になれるように試行錯誤をして、豊かな関係をつくっていくのです。そして、お空に帰るときに、「この人が運命の人だった。来世でもまた会いたい」と心の底から、わかることでしょう。

「ありのままの自分」と同じように、「運命の人」という耳ざわりのいい言葉だけが独り歩きしてしまっている気がします。すでに運命が決まっているのだから、努力しなくても大丈夫。すでに運命が決まっているのだから、がんばっても仕方がない。

そんなことはありません。確かに、わたしたちは結婚相手や恋人など、特別な運命の人をお空で選んでいますが、行動によってストーリーはいくらでも変わっていくからです。

そもそも運命とは何でしょうか？　命を運ぶことです。良い方向に自分を運ぶと、いい人に、悪い方向に自分を運ぶと悪い人に会います。

「この人が、運命の人だ」と思えるまでには、きっと、「もう、絶対に別れてやるんだから」と思うようなけんかもするし、いいことも悪いこともたくさんあるし、泣いたり笑ったり、いろいろなことがあります。なぜなら、魂を磨く修行を一緒にしていくからです。実際に、別れることで学ぶ運命の相手もいます。

しかし、一緒にいて「苦しいだけ」であれば、その人はあなたの別れることを学ぶ運命の人です。

自分を過小評価している人は、暴力をふるう人、浮気性な人、借金をする人、不倫の関係など、自分が苦しむ相手と恋愛をして、これが運命だと思ってしまいやすいのです。「男運／女運がいい／悪い」という表現をする人がいますが、そんな運はありません。

自分を大切にしていないと、同じように尊重してくれない相手を選んでしまうだけなのです。

自分で自分を心から慈しむと、あなたを不当に扱う人を寄せつけなくなっていきます。

わたしに運命の人が誰なのかを聞きたがるのは、どこかで、「だって、あの人がそういったから」と、人のせいにしたいためではないでしょうか。

相性占いも同じことですね。相性はよくしていくもので、最初から、ばっちりの人はいません。歩み寄って仲直りする方法を考えたり、相手のいいところから学んだり、二人で一緒にいい相性をつくり上げていくのです。それは、とても楽しい魂の修行です。

そうやっていって、最後のときまで一緒にいられたら、その人が運命の人です。

もしも、出会った瞬間から相性が最高の運命の人がいたら、何の学びもおこらないのです。

だから、あなたは言葉に踊らされないでいてくださいね。

「いい出会い・悪い出会い」「運命の人・相性の悪い人」と一つひとつ勝手に名づけながら、トラウマちゃんを育てる種をまいてはいけません。

そして、相手からも、「あの人が運命の人だった」と最後に思ってもらえるように、明るくて幸せな笑顔あふれる生き方をしていきましょう。

やきもちは、可愛くやく

人を好きになると、相手がほかの異性と仲よくしていたとか、自分とのデートよりも友人や趣味を優先したとか、いろいろな理由で、やきもちをやきたくなることがあるかもしれません。ちょっぴりのやきもちであれば、あなたのことが好きだという気持ちが伝わるので、悪いものではありませんね。

でも、いつまでもすねて口をきかなかったり、ささいなことでいつも怒ったり、いきすぎたやきもちをやくと、相手を疲れさせてしまうし、自分もつかれて幸せになれません。なかには、「やきもちなんて、やきません」と口先でいって、心の中は嫉妬でいっぱいの人もいます。

やきもちやきの人の心にも、やっぱりトラウマちゃんが住んでいます。それは、「自分には愛される価値がない」と不安におびえているトラウマちゃんです。自分で自分を低く見ているので、「相手には、わたしより大切なものがあるのではないか。もう愛されなくなるのではないか」と、すぐに自信を失ってしまうのです。

自分でそう思っている限り、相手がどれほど大切にしてくれても、心から安心することはできません。まず、自分は愛されるのにふさわしい素敵な存在だ、と自分の中のトラウマちゃんにいって聞かせてあげてほしいのです。

トラウマちゃんをあやすために、いつも、恋人が喜ぶあなたでいましょう。いつもがまんをしてでも相手に尽くしてください、という意味ではありません。いつも機嫌をよくして、相手と自分の中の神さまを信じて、お互いのいいところをたくさんほめて、いっしょにいると心地いいな、と感じてもらえる波動の明るい人でいるのです。

そうやって、自分も相手も好きなあなたでいる努力をしていると、不安は小さくなって、愛される自信が湧いてきます。努力の方向を間違えて、自分と相手を苦しめないでください。あなたは、愛されるのが似合う人です。

やきもちは、ぜひ可愛らしくやいてくださいね。

先日、彼氏と話していたときのことです。わたしと共通の知人女性と会食することになったと彼にいわれました。

「ああ、あなたは、あの人とおいしいものを食べるのね……。」

と、ふざけてうなだれてみせたら、彼があきれたように「ばかだなあ。やきもちやいてるの？」といいました。

「あのね、まったくやきもちをやかれないのもどうかと思うわよ。だから、可愛くやいてあげているんじゃないの」

と笑ったら、仕方ないなという顔で彼も笑っていましたが、こんなふうに笑い合える冗談にして、「この人は、本当に自分のことが好きなんだな」と相手の自信になるような、ささやかなやきもちをやいていってくださいね！

「うらやましい」は、「憧れ」に変えましょう

やさしい恋人がいる、あの人がうらやましい。

幸せな結婚をしている、あの人がうらやましい。

誰かに対して、そんなふうに「うらやましい」という感情を抱くと、同じ要素を持っていない自分はみじめで、なんだかさみしく思えてきます。

でも、そんなことはちっともありません。

うらやましいと思う気持ちは自分を「幸運体質」にするチャンスです。

「うらやましい」は、自分もそんなふうになりたいという気持ちの表れですが、あまりに連呼すると、「妬《ねた》ましい」という言霊が宿ってしまって、行きすぎると、「自分にはないものを持っていて、ずるい」と相手を憎《にく》むトラウマちゃんが顔を出すこ

とがあります。うらやんでいるだけでは、自分の魂は成長しません。

そこで、うらやましいと思ったら、「憧《あこが》れる」といい換えてみましょう。

「やさしい恋人がいて、憧れちゃうわ！」

「あの人みたいになりたいな。憧れに近づけるように、わたしもがんばろう！」

こんなふうに、明るく声に出してみてください。

憧れるのは、あなたの中にいるウマちゃんと、相手のウマちゃんが似ているからです。

「馬が合う」という言葉は、もともとは馬と乗り手の呼吸がぴったり合っている様子が語源ですが、この場合は、「ウマが合う」ですね。二頭の波動が共鳴しているのです。

ウマちゃん同士の波動がまったく共鳴しない人に、わたしたちは憧れを抱くことはありません。無意識に、相手の中に、自分と似たところを感じとっているのですから、安心して、いつか自分も憧れの人と似た環境で魂を磨く修行ができると信じてくださいね。

素顔を隠して相手を見ると、永遠に自分は近づくことができないと思い込んでしまいますが、似ているところがあるからこんなに強く心が惹《ひ》かれるんだなと見方を変えると、「うらやましい」から「素敵な憧れ」になっていきますよ。

自分で自分を、いじめないでください

何度、経験を重ねたとしても、失恋はやはりショックなものですね。

相手を好きになればなるほど、恋が終わったときの、あるいは恋愛に発展させてもらえなかったときの衝撃は大きいものです。

大好きな人から振られると、自分にはまったく魅力と価値がないような心持ちになって、「恋愛恐怖症」といえるようなトラウマちゃんを抱えてしまう人はめずら

しくありません。カウンセリングをしていて、こればかりは、年齢も性別も関係ないのだなと思うことが、しばしばあります。

失恋した相手が忘れられなくて、なかなか次の恋に進めない人もいます。でも、立ち止まって落ち込んでいても、一向にあなたが輝くことはありません。

わたしからのアドバイスは、「すぐ次に行きましょう！」です。

そんなふうには割り切れませんか？　でも、あなたがダメなわけでは少しもないんですよ。ただ、相手のタイプではなかっただけなのです。ただ、それだけ。だから、自分を責める必要はひとつもありません。

バラの花と桜の花のどちらが優れているかなんて、比べられませんよね。和食とフレンチにも、優劣はつけられません。そこには、「自分は、〇〇のほうが好き」という好みがあるだけです。恋愛も、それと同じことではないでしょうか。

だから、恋が成立しなかったとしても、相手も悪くないし、あなたも悪くないのです。生き方や修行がちがうだけなのです。

あなたのことを好みだという人も必ず存在するのに、「どうせ、わたしは」とひがんだり、「もう誰からも好かれないのでは」と怯えたりしていたら、ウマちゃんはその可愛い姿を隠してしまうことでしょう。

「あの人とは、ご縁がなかったね。でも、少しも心配しなくて大丈夫。あなたは十分に素敵なんだから、この次の恋では、もっと素敵な人と出会うよ。そのために、あの人とはうまくいかなかったんだよ！」

失恋をして傷ついたら、そんなふうに、自分に声をかけてあげてください。

「自分で言っても虚しい」なんて思うのは、大きな間違いです。この世に生まれる前からずっと自分の魂と一緒にいるあなたの励ましほど、頼もしい応援はありません。

ただし、自分が相手の次元にいなかったから、恋に発展しなかった、というケースはあります。

たとえば、一度も働いたことのない高校生が、「お金持ちの実業家と真剣につきあいたい」と思っても、お互いの次元がかけ離れているので、実現できません。

しかし、そこで、「ダメだった」とずっとクヨクヨしたり、相手を恨んだり、自分を蔑《さげす》んだりすると、もっと低い次元に落ちて、もといた場所より下がった次元の人と恋する修行になってしまいます。

振られることにも、学びがあります。成長するヒントに気づくチャンスです。相手の次元までどうやって自分を成長させようか、どんな努力をして相手を振り向かせようか明るく考えると、きっとその前向きな魂にふさわしい人が現れます。

「感謝」が、あなたをランクアップさせます

失恋は学ぶチャンスだと書きましたが、恋が終わったあとで相手に感謝をする人

は、大きく成長して、さらに幸福な出会いを引き寄せることができます。

カウンセリングのあとの雑談で、ある女性がおっしゃいました。

「一年前、年下の彼と別れたんです。当時は、仕事や家族のことでいっぱいになっていて、甘えたがりな彼に腹を立ててばかりいた気がします。でも最近、ふっと、どうしているかな、元気でいてほしいなと、とても懐かしい気持ちで彼のことを思い出しました。楽しいこともたくさんあったし、彼のおかげで自信も持てたんだな、ありがとうって」

そう話す彼女の波動は、穏やかでキラキラしていました。

「いま、明るくていい波動がその彼のもとに飛んで行ったね」

わたしがニコニコしていうと、「えっ？」と驚いています。

「なんだか、わけもなくうれしい気持ちや楽しい気持ちになることってない？　それはね、誰かがあなたに感謝をしたり、いい感情で思い出したりしてくれたからなの。だから、そんなふうに、いま相手の人に、ピッって光の波動が届いたと思うわ」

「わあ、そうなんですか？　そうだったらうれしい」

その人の波動は、より一層、キラキラと輝きました。


トラウマちゃんが着ぐるみを脱ぐときには、「感謝をする人が現れる」と前述しましたが、心からの感謝は魂をランクアップさせてくれます。

別れるときにケンカをしたままで終わったり、ひどい言葉をかけてしまったり（あるいはかけられたり）、心の中でわだかまっている相手に対して、たとえ数年後であっても、感謝ができたら、あなたのウマちゃんが明るい波動を相手にも運んでくれます。

離婚をした方も同じです。相手に感謝できるところを見つけると、必ず素顔に近づきます。離婚で、本当に大きなエネルギーを使われたことだろうと思います。だけど、「自分は結婚に失敗した」とは、思わないでください。

結婚生活や恋愛関係が長く続いているから成功で、幸せだとは限りません。

お空の上で、「結婚と離婚をセットにして学ぼう。より大きな修行を、一緒にしようね」とお相手と決めてきたのです。「経験させてくれて、ありがとう」といえたら、今世のあなただけではなく、来世のあなたもランクアップするかもしれません。

学びが終わったので、二人がさらによくなるために別れがやってきたんだと素直に受け入れたら、あなたの心にはたくさんの色鮮やかな花が咲いていきます。

妄想パートナーで、恋の波動を高めましょう

最近、恋をお休みしているなと感じる人は、理想のパートナーを妄想しつつ、デートをシミュレーションしてみてください。妄想デートにひたっていると、ときめきの波動が出て、周波数が恋愛のモードに合っていきます。

お相手は架空の人がいいでしょう。

片思いの人など、実在の相手だと、妄想と現実の反応にギャップがあったときに幻滅したり、腹を立てたりして、「裏切られた」というトラウマちゃんを育ててしまうことがあるからです。これは自分のためになりません。勝手に幻滅される相手の人も気の毒です。

また、とても高級なディナーや超おしゃれなバーなど、設定の難易度が高いのも、危険度が高いと思います。


先日、あるチェーンの回転寿司店に入ったら、若い女の子が泣いていました。テーブルの向かい側に座っている男の子は押し黙って、二人の間には重たい空気が流れています。たまたま、彼女の声が耳に入ってしまったのですが、

「なんで、つきあった記念日のごはんが、ここなの？」

そういって、泣いていました。

「ええっ、いいじゃない。なんでダメなの？　このお店だって、おいしいじゃな

い」

私は思わずそんな気持ちになって、とっさに目の前に座っている彼を見ました。彼もわたしと同じことを考えたようで、苦笑いしています。

そういえば、以前、パーキングエリアでも、「なんで、記念日の日に食事がこういうところなわけ？」と、ドライブデートの相手らしい男性に文句をいっている女性がいました。

本当に好きな相手だったら、屋台の焼きそばだって、公園で手作りのおにぎりだって、二人で食べたら、おいしいだろうと思うのです。

「この店を選ぶセンスがイヤ」

「この程度の予算しかない懐具合がイヤ」

そんな文句ばかりをいう人は、少しも愛をもって相手を理解しようとしていません。「お給料日前だもんね」と思いつつ、「おいしいね」とニコニコする女の子を見たら、男の子は、きっと「がんばって、もっと喜ばせてあげよう」という気持ちが湧いてきますよね。

妄想は、自分を高められる方向に上手に使いましょう。たとえば、こんなシミュレーションはいかがでしょうか。

「もしも、ものすごくラフな格好で彼が来たら笑っちゃうだろうな。それで、笑いながら、『ちょっとー、この次はもう少しおしゃれしてよ』っていおう」

これで、たとえ相手がTシャツと短パンで現れても動じることはありません。

妄想デートといえども、自分も相手も楽しくなければ意味がありません。

最後に大切なのは、妄想パートナーとは必ずお別れがくるということです。

「ありがとう、おかげですごく素敵な恋愛ができる気がする！」と感謝をして、現実の世界で、素敵な恋人を引き寄せてくださいね。

わたしも妄想デートが大好きです。パートナーがいる人は、こんなふうにしたら相手が喜ぶんじゃないかな？　と、妄想デートで予行練習してみましょう！

親を嫌うと、その同性とトラブルが生まれます

自分の親が嫌い、苦手だという人は、親と同じ性別の人とトラブルが起きるようになります。たとえば、「お父さんが浮気ばかりしているので男性不信になった」「お母さんが浪費家で育児も家事もおろそかだったので女性に希望が持てない」。そうした直接的なトラウマはイメージしやすいだろうと思います。

でも、トラブルは直接のケースだけとは限らないのです。

ある女性はお母さんをずっと嫌っていましたが、結婚するとお姑さんに恵まれて、実の親より心が許せると喜んでいました。しかし、ご主人の女性関係で泣かされることになります。親との間に問題を抱えていると、トラウマちゃんが共鳴して、同

じ性の人に悩まされる事態を引き寄せてしまうのです。

それは、「自分を幸せにしてあげるために、親を許すことを学びなさい」というメッセージともいえます。自分の誕生という輝かしいルーツである親のことが許せないと、自分のことも無意識に愛せない、許せなくなっていくからです。


カウンセリングにいらした三〇代の男性のお話です。

その人は、自分のお母さんがずっと嫌いでした。

小さいときから、少しでも気に入らないことがあるとヒステリーを起こして、家族を抑圧するお母さんの姿が記憶にあります。婿養子のお父さんは、「とにかく、お母さんを怒らせないようにしなさい」といって、小さい子どもたちを守ってはくれませんでした。

いつも家族中が、お母さんの顔色を見て暮らしています。お父さんは、いつしか、「自分が不甲斐ないから、妻を怒らせるのだろう。なじられて当然だ」と自己評価がとても低くなっていて、お母さんに意見する気力がなくなっていました。

男性は、大学入学をきっかけに実家を出て、ご両親と距離をとります。

会う機会が減ったので、お母さんのヒステリーに悩まされることは少なくなりました。わたしのところには「仕事がつらい」というご相談でいらしたのですが、男性を見たとき、「母が嫌い」という感情と、「仕事上のトラブル」がクロスして感じられました。


まず、お母さんのヒステリーですが、怒りっぽくて威張り散らす人は、「見捨てられたくない。相手に拒絶される前に威圧しよう」という怯えを心の中に隠しています。お話を聞いていて、母方のおじいさんが同じトラウマを持っていて、ふた言目には「出て行け！」と家族にいう人だったんだな、とわかりました。

「いやな父親だとわかってしまったら、きっと家族は自分を嫌うだろう。その前に出て行かせよう」

そんな、混乱したおじいさんの思いが伝わってきます。

お母さんは、なにかというと怒鳴る父親を嫌いながら、「あの父の子なんだから、わたしも家族から嫌われるに違いない。そんなふうに拒絶できないように支配しなくては」と自分の家族に同じことをしていました。

父娘の間をこじらせた結果、親と同性である夫や息子たちとの関係を自分の手で壊していたのです。

男性の仕事の悩みを詳しくお聞きすると、「直属の上司が女性で、とても自分に厳しく当たる」というものでした。お母さんへの不信感を癒さないと、形を変えて女性とのトラブルがついて回るとお伝えすると怪訝な顔をなさいましたが、「母のことなんて、ひと言もお伝えしていないのに」と驚いてもいました。

お母さんにはトラウマがありますが、そのトラウマを与えたおじいさんにも、家族から見捨てられる恐怖心があって、二人とも、自分ではどうすることもできなかったのです。

「おじいちゃんもお母さんも、家族をたくさん苦しめたけれど、自分も苦しんでいたんだ、と弱さをありのまま受け入れてあげてください。そして、お母さんもいい方向にいくといいな、って祈ってあげてね。いろいろ許せなくても、おなかの中で何カ月も慈しんで、大変な思いをして産んで、育ててくれたことだけには、心から感謝できるでしょう？」

そういうと男性は、まっすぐな目で「はい」とおっしゃいました。

親が嫌いな人は、

「どんな親のもとに生まれてきても、自分は必ず幸せになれる。幸せになるために、自分は今世でトラウマを抱えている親のところに生まれてきた」

と、自分のことも肯定してください。

そして、「親を許している途中」「自分を愛している途中」だと言葉にして、この世に送り出してくれたことに感謝することから、スタートしていきましょう。

ゆるすことは自分をいやすことにつながっていきますよ。

結婚しても、しなくても、あなたは幸せ

「わたしは結婚したいのに、きっと、お空の上でしないって決めてきちゃったんですね」

お茶会に遊びに来てくれた人が、そういってため息をつきました。

「自分が『したい』って思うなら、あなたは結婚するのがふさわしい人なんだよ。お空の上の約束は、変わることもあるんだから、自分の直感を大事にしましょう」

とお伝えしました。

「結婚したいのに、できない」という悩みをお持ちの人は、本当は結婚が似合う人です。結婚するよりも似合う人生がある人は、結婚したいと思い悩まないからです。

現にわたしは、結婚したいと思ったことがありません。

お仕事を通じて、さまざまな方たちとお会いするなかで、たった一回きりの人生では起こりようがない経験や、味わいつくせない感情を一緒に体感させていただきながら、みなさんに寄り添ってウマちゃんと暮らしていくのが、わたしの今世だろうなあと感じています。

別に結婚をあきらめているわけではなくて、欲求がひとつも湧かないのですから、わたしにはいまの人生がとっても似合っていて、この上なく自分らしくて幸せといいきれます。

人にはみんなふさわしいことが訪れますから、結婚の気配がない人は、いまはバリバリ仕事をしたり、家族のお世話をしたりしてあげることが、似合っているのです。

「えー、そのままではいやだ」と感じるなら、結婚にふさわしい行動を起こしていってください。

「たったいま結婚したいと思える恋人ができたとして、いますぐおうちに招待できる？」

と想像してみて、「ムリ！」と思った人は、まずはお部屋を片づけることから始めましょうね。

「きょうデートに誘われたら、すぐに行ける服装かな？」

これに対しても、「着替えたい………」と思った人は、ふだんからおしゃれを心がけていきましょう。ほかにも、相手に作ってあげたい料理を練習したり、恥ずかしがらないで、素直に「結婚したいんですよねー」と口に出したりすることで、波動がどんどん結婚が似合う人になっていきます。

ただ、ひとつだけ言いたいのが、あなたは、結婚しても、しなくても、どちらを選んでも絶対に幸せになれる人だということです。ウマちゃんが、あなたの内側にいらっしゃる神さまと一緒に、暖かな日差しの中で日向ぼっこしている様子が、わたしにはちゃんと見えます。そんな人の人生に、「○○じゃないから不幸せ」なんてことは、ひとつも起こりようがありません。

結婚しても、しなくても幸せ。子どもがいても、いなくても幸せ。男の子を産むお母さんは男の子のお母さんになるのが、女の子を育てている人は女の子のお母さんが似合う人です。いつも、ふさわしいことしか起こらないと受け入れてから、願いが実現するように、ご自分の波動を高めていってくださいね。

子どもがいない人生で、今世、学ぶこと

「○○じゃないから、不幸せ」

○○には、「お金持ち」「既婚者」「高学歴」「美人」「健康」「朗らか」など、いろいろな言葉が入ると思いますが、「子どもがいないから、どこか自分の人生は不幸せ」だと思っている人も多くいらっしゃいます。

わたしは、あるときの講演会で、子どもを持つことについてお話しました。

「おなかを通して生まれてくることだけが、親子の縁ではありません。自分で子どもを産んでいたら、その子は健康に育たなかったのかもしれない。あるいは、あなたの体がもたなかったのかもしれない。だから、代わりにほかの人の体をお借りして、生まれてきてくれるあなたと縁が深い子どもの魂もいます。どうしても子どもが欲しい人は、養子を検討されるのも、いいと思うのです。それも、親子のご縁ですよ」

講演後、一人の女性が泣き腫らした目で声をかけてくださいました。

「理絵先生、ありがとうございます。わたしの娘は特別養子です。こわくて、本人にはその事実をいえませんでした。きょう帰ったら、胸を張って伝えようと思います」

その方とお嬢さんの間には、確かな親子の絆が感じられました。

「ごめんね。ママは体が弱かったから、ほかの人のおなかを通してあなたがこの世に誕生したの。でも、ちゃんと、あなたのことを見つけたでしょ。あなたが大好きだから、離れていてもわかったのよ」

その人は自信を持って、娘さんにそう言えたそうです。

養子を迎えないまでも、甥っ子さんや姪っ子さん、友人のお子さん、近所の子など、あなたと縁のある魂の子は必ずいます。

子どもを持たないご夫婦は、お二人できちんと学びが完結するようにできています。また、子どもを持つ苦労と喜びではなく、子どもを持たない苦労と喜びを通じて、今世は学ぼうと決めていらしています。

だから、○○を持っていないから不幸だとか、けっして取り違えないようにしてください。たとえ子どもがいても、親子の縁が薄くて寄る辺のない人はたくさんいます（その状況も、その人が学ぶためにやってきています）。

いまの自分に、ふさわしいことしか起こりません。

幸せに向かって、まっすぐに毎日、進んでいます。

自分を信じていきましょう。

第四章　仕事とお金の話

天職は、いま目の前に天が与えてくれた仕事

「わたしの『天職』はなんでしょうか?」

みなさんから、とくに聞かれることが多い質問のうちのひとつです。

あなたは天職と聞いて、どんなイメージを抱かれるでしょうか?

天から恵まれた、自分の魂が本当によろこぶ仕事。

そんなふうに感じていらっしゃるかもしれませんね。とても正解に近いイメージです。

しかし、「天職に巡り会えていない」という感覚は、ウマちゃんを育てる輝く素顔からは遠く離れてしまいます。なぜなら、天職とは、「いまの自分に与えられている目の前の仕事のこと」だからです。

神さまはいつでも、「もっとも、いまのあなたにちょうどいい教材」として、そのときいちばんふさわしい仕事を与えてくださいます。目の前の教科書に一生懸命取り組まないで、「もっと素敵な教科書が欲しいなあ」といっても、空から降ってくることはありません。

高校一年生の勉強をしっかりしないままで、どれほど二年生になりたがっても進級できないのと同じことです。いくら、自分では満足できないと感じても、神さまはその仕事が、いまのあなたに最適なことをご存じです。

もしも、いまの仕事がつまらないと感じるときは、おもしろくなる工夫をするチャンス。一人さんは、「人も自分も飽きない商いをしよう」とよくおっしゃいますが、神さまから、その感性を磨く宿題をいただいているのです。ここで投げ出さずに課題をこなすと、仕事でしか味わえないよろこびが、次々と訪れるようになります。

わたしたちは、仕事を通じて豊かさの階段を一歩ずつ上っていきます。

仕事をすることでいただける豊かさとは、お金や物品だけではありません。

自分を助けてくれるまわりの人に感謝する気持ち、人から感謝されるよろこび、自分の働きが人を笑顔にする幸せ、自分に対する自信、仕事への誇り、そんなたくさんの豊かさが、仕事を通じてあなたの内側に降り注ぎます。

天職に巡り会いたい人は、いま与えられている仕事と誠実に向き合って、真剣に取り組んでください。

本気になると、「この仕事が自分の天職だ」と思える瞬間がきっとやってきますし、とても円滑に進んでいるけれど「簡単すぎて物足りない」と感じるようになったら、レベルアップするためのステージまで上ってきたということです。神さまが、次の仕事や職場をしっかりと用意してくださいます。


わたしの大切なスタッフとして働いてくれている美穂ちゃんは、もともとは職場の悩みを相談にいらしたお客さまでした。

「やりがいが感じられない」という相談に、「自分の仕事が終わったら、ほかの人に、やれることはないか聞いてみたら？　お手伝いすることがなかったら、掃除でもしましょう」と、アドバイスしたのですが、彼女はとても熱心に実践したので、退職するときは職場から惜しまれるまでになりました。

わたしのカウンセリングルームで働いてもらおうと思ったのは、笑顔が素敵で波動が豊かなことに加えて、カウンセリングや遊びに来てくれたときに、わたしにも必ず「なにか、お手伝いできることはありませんか？」と損得を抜きにして気働きしてくれたからです。「はたを楽にする」という本当の働きができる人だなあと思いました。

そして、実際にお客さまに発送する品物の梱包や、伝票の記入や、お店の留守番を買って出てくれました。裏では会社の愚痴をいい続けていたり、わたしのアドバイスを守っていなかったりしたら、うちから足が遠のいていたでしょうから、雇うようなご縁も生まれませんでした。

職場のため、家族のために働くあなたを、必ず見ていてくれる人がいます。

お空の上の神さまと、あなたの中の神さまはいつでも応援してくださっていますから、「いまの仕事と誠実に向き合うと、天職がやってくる」と信じてくださいね！

仕事と恋愛は、とてもよく似ています

仕事と恋愛は、本当によく似ています。

いまやるべきことを一生懸命にやって、楽しむ工夫をしながら、好きなところを見つけていくと、「この人が運命の人だ」と思えるのと同じように、「わたしにとっての天職は、これだ」と気づけるときが訪れます。

恋にも、仕事にも、ご縁があります。

そして、ご縁のほかに「相手の好み」も存在します。あなたが希望する会社に入社できなかったとしても、あるいはリストラにあうなど不本意なことが起きたとし

ても、「自分はダメだ」とウマちゃんにレッテルを貼ることはしないでいただきたいのです。

仕事の手を抜いていた、周囲の人に思いやりを持たなかったなど、自分でも原因が思いあたる場合は、次はそこを改善すればいいのです。真面目にコツコツやってきたのなら、ただ、その会社とは合わなかっただけなのです。あなたに価値がないなんてことは、少しもありません。

もっと、あなたにふさわしい場所がありますから、リラックスできることをして気分転換しましょう。「最良のご縁がある仕事を楽しみに待とう」と思える元気が湧いてきますよ。また、いまの職場を辞めるときに、ひとつでも感謝することができたら、必ず幸せな次の出会いが訪れます。

恋人や配偶者の浮気を疑う人は、自分も相手の猜疑心をあおってしまうように、会社に不満を持つと、自分も不満を持たれてしまいます。どういうことかというと、「自分は会社から必要とされていないのではないか？」と疑うと、「あの人は、会社を裏切ろうとしているのではないか？」と自分も逆に疑われてしまうのですね。

仕事をするときには、「そもそも、見返りはないんだ」と思うことが大切です。

愛と思いやりを持ってがんばれば、あなたもウマちゃんも満たされるのですから、これ以上のことはありません。自分に「がんばっているね」といえて、ウマちゃんに「そのままが素敵よ」といえたら、それだけで素晴らしいことではないでしょうか。

「わたし、仕事をがんばっていますよね？」

「わたし、恋人に尽くしてがんばっていますよね？」

まわりの人に、たびたび確認しないと落ち着かない人がいます。なぜでしょうか？

本当は、愛と思いやりが欠けていて、それほどがんばっていないことを自分でわかっているからです。だから、人から「大丈夫だよ」といってもらいたがるのですが、いくら人にいってもらっても自分にいえないと、心から満たされることはありません。

自分も人も飽《あ》きない楽しい方向に努力をして、「がんばっているね！　えらいよ」と自分に声を掛けられたら、もう人に聞いて回る必要はなくなります。

反対に、「わたしは、少しもがんばれていません」と公言して、人からほめてもらったときにも、「とんでもないことです」と打ち消してばかりの人もいます。

そこには、励ましてもらいたい、ほめてもらいたいというトラウマちゃんのほかに、でも恥ずかしい、自分なんかダメだ、という自分を責めるトラウマちゃんも潜んでいるのですが、自分のことをつまらない存在だと決めつけている人を他人が引き上げるのは、本当につかれます。

ほかの人を疲れさせてしまうと、自分の波動がどんどん下がってしまうので、そうなる前に、自虐的な感情は言葉にしないこと、反省は行動で示すこと、人からのほめ言葉は神さまからのごほうびだと思ってありがたく受け取ること、この三つを心がけていきましょう。

いまの職場にいて、報われない気がする人へ

「わたしは経理部に所属しているので、同僚の昇給状況やお給料の金額を知る機会があります。そこで自分が評価されていないことがわかりました。同じ課の同僚は、順調に昇給を重ねていたんです」

カウンセリングにいらした、ある三〇代の女性は、外資系の企業に勤めるキャリアウーマンで、一見、おしゃれも仕事も目いっぱい楽しんでいるように見えます。しかし、内面にはモヤモヤを抱えていて、「成果が出ない」という思いに苦しんでいました。

会社員の方たちは人事考課を気にしないわけにはいかないかもしれませんが、「いい結果を出せない」と罪悪感を持てば持つほど、自分を許せないという思いが

湧き起こってきてしまいます。

本当は、評価も成果も自分がいちばんにわかってあげるべきなのです。

たとえ、まわりから低い評価をされても、「自分が、がんばっていると思えるならそれでいいんだよ」と認めてあげたら、心に住んでいるウマちゃんは本当にホッとして、つやつやした毛並みで元気に過ごしていけることでしょう。

ただ、「相手がなにをもって低い評価にしたのか？」という部分には目を向けて、改善点にしていけるといいですね。望む結果が出ないときは、神さまから、「見方をかえてみましょう。その方がとてもうまくいきますよ」と教えてもらっているのです。

「満点！」といわれたら、そこから自力で改善点を見つけるのは大変ですが、「七五点」といわれたら、「足りない二五点はなんだろう？」と自分を成長させる参考書にもできます。

冒頭の女性は、「自分にできることを精一杯、誠実にこなそう。そして、評価が高い同僚から学ぼう」と、素直な気持ちでまわりを観察しました。二回目にいらしたときには、「最近、自分で自分をほめられたこと」を教えてくれながら、「同僚は、要点を押さえた話し方ができるし、プレゼンが上手なので、ほかの部署とのコミュニケーションが円滑です。わたしはつい前置きや説明が長くなって、ほかの人の時間をムダに使っているかもしれないと気づきました。ほかにも課題はたくさんありますが、できることから一つずつ、もっとよくなれると信じて、やっていきます」

と話した女性は、瞳がキラキラとしていて、美人に磨きがかかっていました。

解けない課題はありません。ちょっとずつ、進んでいきましょう。

なぜ自分にだけ、つらくあたるの？

働いていると、うれしいことと同じように、いやなことも起こります。

主婦の方にも、家事や育児や介護など、立派な仕事がありますよね。主婦やお母さんのお仕事にはオンとオフがないので、本当にすごいことだと思います。学生の人の仕事は、勉強やアルバイトですね。

どんな立場の人たちも、自分の仕事をこなすなかで、「いやだな」に行き当たります。なぜなら、あなたが持っているトラウマを癒すために、「いやだな」と感じる体験は起こっているからです。

その経験を通じて、自分でそのトラウマを癒してあげないと、また同じことが起こります。

わたしも昔、ゴルフ場の受付をしていたときに、叱られたり、失敗したり、「いやだな」と思うことがたくさんありました。その次はバッグ屋さんで働きましたが、そのとき、似たようなことが起こって、「あ、そういうことだったんだ」と気づいたときもあれば、「いやだな」で終わったこともあります。

でも「いやだな」と思うことばかりにエネルギーを向けずに「どうしたら良くなるか」という考えにエネルギーをそそぐようにしたら、そのなかで感謝できることがだんだん増えてきて、スピリチュアルカウンセラーへの道が開けました。

振り返ってみると、これまでの仕事はすべてつながっていたし、「いやだな」という出来事も、わたしの魂が学ぶために起こっていたのだと、いまならよくわかります。

「やるべきことをやっていないから、いやなことが起きる」ことも当然あります。性質は違いますが、この場合も、「やるべきことをやるという大切な姿勢が学べた、感謝だなあ」と、目をそらさずに、こなしていくことで解消できます。

ある二〇代の男性が、「上司が自分にだけ、いつも怒るんですよ。その理由がわからないんです」と相談にいらっしゃいました。

確かに、その方を通して、わたしにも怒っている上司の方が見えましたが、理不尽な様子ではありません。その人ばかりが叱られてしまう理由が、ちゃんと明らかなのです。

「本当に、理由がわからないの？」

「わかりません」

男性は、相変わらず首をひねっています。

ためしに、「提出物を、期日までに上げていないでしょう？」と聞いてみました。

その人は、はっとした顔をして、「えっ、そのせいですか？」といいます。

自分にも、わたしにも無意識にうそをついて、ごまかしていたのですが、彼には怒られてしまう原因がちゃんとありました。怒る上司の方と一緒に見えたのは、どうせ上げても「ダメだ」といわれるのがこわいから、いつまで経っても、いわれた企画書や報告書を上げないその人の姿です。
何度もいわれてからやっと提出するのですが、後ろ向きな気持ちでイヤイヤ作成するので、とてもいい出来だとはいえません。そこで、「こんな内容に、いつまで時間がかかっているんだ！」と、さらに上の方から叱られてしまうのです。

その人のウマちゃんがかぶっているのは、「自分には、相手が求めるレベルのものを仕上げられない」という着ぐるみでした。だから、なにか課題を出されるたびに、見て見ないフリで逃避してしまいます。

なんでも、やる前に「できない」と勝手に決めつけてしまうのは、男性が前世から持ってきたトラウマだろうな、と感じられました。前にも書きましたが、前世からの課題は、今世で体験するようになっています。

でも、前世と今世は違う人生ですし、前回の企画書と今回の企画書も違うものです。やれなかったときのいいわけを用意して、最初からできないと思い込むのは、「経験するのがこわいです。わたしは成長しなくてかまいません」と、神さまにいっているようなものです。

「なにかをやるようにいわれたら、『できない』と思うのではなく、『まだやっていないだけ』だからやってみよう、と思ってみてください。『自分がこなせる最善のタイミングで手元に来た。だから、できる』と思うことです。実際、本当にそうですからね」

その方には、そうお話しました。

なにかがこわいという感情は、過去の経験からやってきています。でも、いつでも、わたしたちが進んでいるのは未来なのですから、過去の情報はそこに当てはまりません。自分に、そうしっかりいって聞かせて、安心させてあげてください。

いいわけをしなくなると波動が豊かになって、まるで、もやが晴れるように、前世から連れてきたトラウマちゃんが癒され自分が輝きはじめます。

そして、「なぜ、自分にだけつらく当たるのだろう?」と感じることがあったら、「自分は、やるべきことをきちんとこなしているだろうか?」と、振り返るチャンスです。

この男性、今はどうなったと思いますか？

カウンセリングに来るたびに自分のできることをみつけ、それはどうなったか、これからどうしていきたいかを話し、ひとつずつ成長していったのです。そしてついに支店長になりました。

「会社で下の人から相談をうけることも多くなり、理絵先生のアドバイスや本をすすめています」というこの男性ははじめて会ったときより輝いて幸せの道を歩んでいます。

職場や自宅の天井、壁、床を磨き上げましょう

これまでに著書や講演会で、機会があるたびに、「髪には天のご加護、顔には世

間さまのご加護、靴にはご先祖さまのご加護があります。この三つを大切に磨いて、いつもつやを出しましょう。守っていただけます」と、お伝えしてきました。

くり返しお話してきたので、ご存じでいてくださる方も多いだろうと思います。

じつは、職場や家の中にも、このご加護の話は当てはまります。

「天井には天のご加護、壁や窓には世間さまのご加護、床には先祖のご加護」と覚えてくださいね。年末の大掃除だけではなく、季節の変わり目など、時期を決めて、ぜひ、この三箇所をぴかぴかに磨いてください。

会社にお掃除をしてくれる専門の業者さんが入っている場合は、壁に資料をゴチャゴチャ貼らない、本棚を整理する、自分のデスク周辺だけではなくごみを見つけたら捨てるなど、あなたが会社のためにできることをしましょう。

わたしは、いつもカウンセリングルームやサロンの床をきれいにしながら、スピリチュアルカウンセラーの始祖ともいえる陰陽師の方々や巫女さんたちに、「この道を切り開いてくださって、お守りいただいてありがとうございます」とお礼をお伝えしています。

会社員の方は、創業者の志を知ると、自分の会社に、よりいっそうの感謝と愛着が湧いてくるだろうと思います。

感謝が習慣になると、ご先祖さまのご加護がいただけるので、アイディアが豊かに湧いてきたり、職場の人とのコミュニケーションがとりやすくなったりするはずです。

世間さまとは、あなたやあなたの会社を応援してくださるお客さま、業務に協力してくださる外部の会社の方々、近隣の方たちのことなどを指します。

主婦や学生の人にとっては、おうちや学校が職場と同じですね。その場合の世間さまは、ご近所の方や友人・知人です。壁や窓が汚れていると、人から親切にされたり、大切なことを教えてもらえることが少なくなったりします。

主婦の方は、家族みんなが気持ちよく過ごすためにも、いつものお掃除の仕上げに、さっぱりと水拭きなさってみてください。学生の人は、ふだん自分がよくいるお部屋でいいので、三箇所を意識してきれいにしてみましょう。

また、お父さん、お母さん、おじいさん、おばあさん、子ども、孫、みなさんのそれぞれに、ご先祖様の人たちがいます。たとえ血がつながっていなくても、その人たちはあなたの始祖です。「ありがとうございます」と、感謝の気持ちを届けてくださいね。

「なにをいうか?」よりも「誰がいうか?」が大事

「自分の意見を上の人間や同僚が聞いてくれません」

「独立の夢を持っているのに、まわりから反対されているんです」

仕事の悩みでは、こんなふうに、「まわりの理解が得られない」という相談もたくさん受けます。まわりの人を納得させられるかどうかは、じつは話の内容よりも、その人自身にかかっています。普段の行いが大きく影響しているのです。

あなたにも、思いあたるのではないでしょうか。どれだけ正論だったとしても、「あなたにはいわれたくない」と聞く気持ちが失せてしまう人が、一人か二人は思い浮かぶのではないでしょうか。

相手の心を動かすためには、話を聞いてもらえるような自分になること。

夢を打ち明けたときに、あなたにとってキーパーソンとなる人から反対意見が出たら、「覚悟を試されているんだな」と思ってください。

たとえば、「開業したいんだけど」と相談して、反対をされたとします。そのとき、あなたの気持ちが「そっか……」と下向くようなら、十分な資金が用意できていないとか、商売に必要な知識や資格が足りていないとか、肝が据わっていないとか、その前にやるべきことがあるのに、向き合っていないというお知らせです。

お空にいらっしゃる神さまが、相手の人の口を借りて、あなたの中の神さまに、

「いまは、まだ準備不足だよ」と伝えてくださったのですね。

でも、反対されても、気持ちが少しも変わらなかったら、あなたの中のウマちゃんが勇敢に挑戦しようとしているということです。やるべきことをしっかりこなして、相手の人に話を聞いてもらえるあなたになってください。

相手の心に住んでいるトラウマちゃんが、「できっこないよ」と否定している場合もありますが、そのケースでも、あなたが明るく夢に向かって、きちんと努力していると、「この人のいっていることは信用できる」と、相手のウマちゃんが着ぐるみを脱いで耳を傾けてくれるようになります。

「いまじゃないと、ダメなんです」

この言葉も、よくおっしゃる方がいるのですが、「このタイミングを逃すと実現しない」というのも、勝手な思い込みによるトラウマちゃんです。

自分が心から叶えたい夢や、本当にやるべきことであれば、スタートする時期は関係ないからです。どんなルートを辿ったとしても、ちゃんとやることになっています。

自分が「やりたい！」と思っても実現しないときは、準備（力）不足のほかに、自分の幸せだけを追求している可能性も考えられます。夢や願望の実現は、自分だけが幸せになる計画だと、長続きしないからです。

「開業資金は、親に借金しよう」という考えでは、神さまは成功させてくださいません。自分もまわりも幸せ。あなたは、お互いが幸せで成り立つ豊かな夢を語ってくださいね。そして、準備を怠らないでいると、タイミングがばっちり合って、まわりの人たちが応援してくれるときがきます。

トラウマちゃんは、病気を呼ぶパワーを持っています

もう五年以上のおつきあいになりますが、定期的にカウンセリングの予約を入れ

てこられる二〇代の女性がいらっしゃいます。

お悩みは、仕事のこと、ご家族のこと、友人関係、恋と、そのときどきなのですが、はじめてお会いしたときに、「家族に、いいたいことがいえない」というトラウマを抱えている人だとわかりました。でも、彼女はそのトラウマちゃんがいることを頑なに認めようとしません。だから、いろいろな方面によくない影響が及びます。

でも、わたしの仕事は、いきなりトラウマちゃんの存在をお伝えすることではないのです。いまのその方が理解できる分だけ、愛をもって話し方を選んでカウンセリングし明るいほうにお連れするのが、自分の役目だと思っています。

トラウマちゃんを見つけられるのは、誰にとってもこわいものだからです。ウマちゃんのトラの着ぐるみは、傷ついた心、ごまかし、うそなど、自分でさえ見たくないものを隠しているので、人から指摘される段階が早かったら、「トラウマなんかないです」と否定したり、見つけた相手に対して怒ったり、よくない反応だけで終わってしまいます。

ただ、だからといって、「嫌われたらいやだし、もう来なくなってしまっても困るから、この人にとっていい先生でいよう」と、わたしが自分に都合よくふるまうことだけはやめようと決めています。時期がきたら、必ずお伝えするようにしています。

先日何回めかのカウンセリングで「仕事が続かない」と相談にいらした彼女を見て、解決できるタイミングにきていると感じました。その人は、お父さんを亡くして、お母さんと二人暮らしをなさっています。お兄さんがいますが、遠い県で好きな仕事に就いています。

お母さんが体を悪くして入退院を繰り返すようになったので、彼女はお母さんの看病を優先して、何度か転職していました。面倒をみられる働き方に落ち着いているのなら幸せですが、せっかくいい会社に入れても、そのうちに看病を理由に行かなくなってしまうのです。

お母さんは、「大丈夫だから、会社に行ってね」というのですが、聞きません。

そして、「また、仕事を辞めてしまいました。どうしたらいいのでしょうか」と悩んでいます。わたしは、その人にいいました。

「ずっと、小さいときから、『お兄ちゃんは、ずるい』っていえなくて苦しかったね。いいのよ、いい娘じゃなくて。『お母さんの面倒は、もうみない』って自分にいっていいんだよ」

　すると、みるみるうちに彼女の目に涙が溜まって、声を殺して泣き出しました。

お母さんは、早くにご主人を亡くしたので、小さいときから、夫の面影が残るお兄ちゃんが可愛くて、しっかりものの娘よりも、よけいに手をかけてあげたかったのです。でも、当然ながら、妹はそれが不満です。

　どうして、お兄ちゃんは努力しなくても愛されるんだろう。大人になってからも、お母さんを置いて家を出ちゃって、そのせいで、わたしは結婚もできない。でも、わたしは、お母さんの面倒をしっかりみるいい子じゃないと、大切にしてもらえない――。

　彼女の中にあるのは、そんな思いでした。

自分がいい娘でいるためには、お母さんに病気でいてもらわないと困るので、「大変です」といいながら、病気になるように願う波動を向け続けていたのでした。

いいことも、悪いことも、強く念じた人の波動は、大きなエネルギーになります。彼女の願望通り、お母さんは本当に病気になってしまいました。そのことを伝えて、だけど、あなたは悪くないとお話しました。息子が離れていったさみしさから、お母さんにも娘に依存する気持ちがあって、お互いで病気を引き寄せていたのです。「母親と仲がいいし、頼りになる妹だから大丈夫」と思っていたお兄さんも、悪くありません。みんな、悪くないのです。だから、まわりのせいにすることをやめて、トラウマちゃんが隠している気持ちを正直に見つめた上で自分を愛せたら、そこが幸せへのスタートです。

女性には、「がんばらなくていいんだよ、って自分にいってあげましょう」といいました。「お兄ちゃんばっかり、ずるい！」と、わだかまりをぶつけたところで、それでもお母さんのことが気になって仕方がないやさしい人なのです。もう病気を介さなくても、深く思いやり合える関係を、これから築いていけることでしょう。

「手を抜いてもいいんだよ」と自分にいってあげましょう

似たようなお話を、これまでにいくつも見てきました。

仕事が忙しくて、幼い息子の世話を義理のご両親に任せてきた女性は、無意識に「あの頃の育児をやり直したい」というトラウマちゃんを育てています。その思いが通じて長男が心の病気になって実家に帰ってきました。

でも、息子さんにも、「病気をしたときだけは、仕事を休んでお母さんがそばにいてくれた。ギュッと抱きしめてくれた」というトラウマちゃんが住んでいて、「地元で就職して、実家に戻った弟にお母さんを取られないように、自分も帰ってこよう」という思いがあったのです。

自分のお母さんのおなかを目がけて、まっすぐ飛んできた魂を持つ子どもたちは、大人になってからも母親と強く通じ合います。

お母さんにそのことを伝えて、「がんばっていい母親にならないといけない、と思っていたんですね。帰ったら長男さんをだきしめて『大丈夫だよ。お母さんの子だから大丈夫』といってあげてください」というと、泣き崩れて、「そうかもしれません、私の心配が息子に届いてしまったのかもしれません」と振り絞るようにおっしゃいました。でもあの頃の自分もできることを一生けん命やったと認め自分をゆるすと、トラウマちゃんの存在を認められたその方にも、新しいスタートがやってきます。


がんばらない自分には価値がない。愛されない。見捨てられる。

この思い込みが生むトラウマちゃんは、親子の間に限ったことではありません。

不思議と、面倒見のいい女の人ほど、働かなかったり、依存心が強かったりする男の人とカップルになりますが、心の奥底では、「もっと自分を頼らないといけないように、ダメになってほしい」と願っているのです。

どの人も共通しているのは、相手の愛を求める心です。それなのに、トラウマちゃんで本当の気持ちを隠すと、愛とは対極のものが原因になる病気まで呼び込んでしまいます。

「がんばっていてしんどいな」

「あの人のせいで、損をしている」

「あの人だけずるいんじゃないの？」

そんな気持ちが浮かんできたら、あなたも「手を抜いていいのよ」と、自分にいってあげてください。いやなことを思う自分を許すのです。そういったからといって本当に手をぬく人でないのはわかっています。でもいってあげるだけで心がとても癒されるのです。

わたしも、毎日、夕方五時近くになると、「夕飯作らなくていいよ」と自分に言ってあげます。

一度はそう考えないと、「どうして、わたしばっかり毎日、お料理しなくちゃいけないの」と、いらぬストレスが生まれてしまうからです。

仕事帰りにスーパーに行くと、まずお惣菜やお弁当コーナーをのぞくのが習慣になっています。じーっと見ていると、けっきょく「まあ、これなら、あれとあれを買い足せば、自分で作れるわ」と思い、作っています。一見、ムダな時間のようですが、無理をしない、がんばりすぎないための予防策です。

もちろん、ときどきは本当に手をぬいていますけどね。

「課題」が終わるまで、相手は離れてくれません

自分を頼ってほしいから、どんどん恋人をダメにするように仕向けてしまう人がいるとお話しました。たとえば、この場合は、「相手に依存されることで、愛され

ていると実感したい。自分は必要だといわれたい」という気持ちが隠れていて、「小さいときに愛されなかった」という強力なトラウマちゃんが住んでいたりします。

相手の身の回りのことやお金のことまで躍起になって面倒を見てあげなくても、十分、自分は愛されるのにふさわしい存在だ、と自分で認めてあげないと、自立ができないダメな恋人は現れ続けます。

課題をやり終えて、神さまから「○」をいただけるまで、相手は離れていかないのです。

先日、「仕事に対する姿勢やペースが違いすぎて、同僚との関係が苦しい」という男性が相談にいらっしゃいました。

お話を伺うと、その人は、とてもテキパキと仕事をこなし、できることは先まで見通して段取りをつけておこう、という性格です。同僚の男性は、明日でも間に合うことは今日はやらないでおこうと考えて、すきさえあればサボろうとします。

二人は同じ係なので、同僚のしわ寄せが自分にも来るのですが、その人はギクシャクすることをおそれて、自分さえがまんすればいいやと代わりに業務をこなしていました。だけど、「いいたいことをいうのはやめておこう」と素顔を隠し続けているうちに、どんどんイライラし、同僚との意思疎通がうまくいかなくなって、かえってギクシャクしてしまいました。

この人の課題は、「いうべきことはきちんということ」です。「まあ、いいか」と自分が飲み込むことで心が平穏でいられるのならいいのですが、内心で苦しくなってしまうのなら、「課題をこなしなさい」というメッセージです。その問題を解くまで、その同僚はそばから離れません。

同僚の男性にもトラウマちゃんは住んでいます。いちばんいいのは、腹を立てないで、サボってしまう状態も含めて、いまのその人が「自分にできる最高の状態」だと理解してあげることです。「最良」ではありませんよ。現段階では、その人にとってそのやり方が自分にできる「最高」です。反発する言葉や態度が返ってきても、その時点ではその答えがその人にとっての最高なのです。

そのままを受け入れないで、「でも、相手にもいいところがあるはず」と考えるから苦しくなってしまうのです。いいところが見当たらなくて、自分の心が狭いのでは、と自分を責めてしまうからです。「いいところがあるはず」と探すのは、やめましょう。

これからもっとよくなる、この人の魂は成長している途中だと信じてあげることです。その方には、「明日までにやってくださいね」と笑顔でひと言そえて見守ってあげましょう、とお話しました。もし、それで同僚が腹を立てたとしたら、自分でも思いあたるからです。想像もしないことを他人からいわれたら、人はまったく気になりませんよね。頭にきたとしたら、同僚の人にとっても、自分を変えられる最高のチャンスです。

自分に与えられた課題を解きながら、相手の魂の輝きを信じてあげると、悩みの種となる人はいなくなっていきます。この同僚の人の場合であれば、仕事をちゃんとこなすようになって姿を変えるか、別の部署に移動して姿自体を消すか、いずれかの形で、相談者の前に「サボる同僚」は現れなくなるでしょう。

いやな出来事と同じように、苦手な人がいなくなることもありません。

そこには、神さまからウマちゃんへの伝言が隠れています。「この人が運んできた、わたしの課題はなんだろう?」と考えてみてくださいね。

お金には、持つべき段階があります

いっぺんに豊かになりたいと願っても、すんなり叶うことはありません。

お金には、「持つのにふさわしい段階」があるからです。

いまはローンでたいていのものが買えるので、自分にぴったり合った段階を把握しづらくなっていますが、千円を大事にできる人には一万円、一万円を大事にできる人には一〇万円。わたしたちは、そんなふうに、ひとつずつ、お金の神さまに〇をもらいながらお金をいただく段階を上っていきます。

もちろん、一夜にしてお金持ちになる人もまったくいないわけではありませんね。その人たちは、きちんとお金を尊ぶ気持ちを持っていたから、大きな福を呼び込むことができたのだと思います。

わたしは、すべてのローンや借金が、自分にふさわしい段階を見えなくする悪いものだとは考えていません。借金をしたことを、自分ががんばるためのエネルギーにできる人もいるからです。しかし、反対に、お金を借りていることを不幸のきっかけにする人もいます。

お金を貸してもらえたことや、働かせていただける場所があることには感謝をしないで、「借金があるから自分は不自由で、不幸だ」と、ウマちゃんにせっせと暗い種を食べさせてしまうのです。

お金持ちになりたいと思いながら、お金に感謝しないでいると、不幸の連鎖がやってきます。もっとお金がなくなるような出来事や、さらに借金を重ねてしまう状況が起こるのです。

ローンを組んだり、クレジットカードで買い物をしたりする前には、「自分は、どちらのタイプだろうか？」と検討してみてくださいね。

また、お金を手に入れたときと、支払うときの気持ちがかけ離れているのも、やはり持っている金額にふさわしい状態とはいえません。

たとえば、お金が入ったときはうれしくてワクワクするのに、いざ使うときになると、ケチケチして出し惜しむ。心配から貯めたお金は、楽しいことや人のためには使えなくて、同じような心配事に使うようになります。

お金を払う先には、あなたの支払いでニコニコと笑顔になる人たちがいます。品物やサービスだけではなく、その豊かな波動までいただいていると思ったら、なんだか得をした気持ちになりませんか？　お金を払うのは損だ、と思い込んでいるのもトラウマちゃんの一種です。

支払えることは、もっとも豊かなことです。お会計でおサイフを出すたびに、「豊かでうれしいな」と思ってみてください。そして、支払っても苦しくならない範囲の現金で買えるものが、いまの自分にちょうどいいくらいの金額だと思っていると、大きく見誤ることはありません。

貧乏神の正体を、知っていますか？

「貧乏神」って、有名なお名前ですよね。お掃除が苦手だったり、嫌いだったりする人のおうちには、貧乏神が住んでいます。貧乏神と同居を続けている人は、お金だけではなく、時間や心まで貧しくしていってしまいます。

「忙しくて片づけられない」という人は、逃避グセの貧乏神がついています。

やるべき整理をしないで遊んでばかりいる人は、サボりグセの貧乏神。

「片づけようと思うのに、眠くて」という人は、眠りんぼうの貧乏神。

「散らかっているくらいが落ち着くんです」といい出した人は、貧乏神が住み着いている年数が長く年季が入っているので、追い出すための思い切りが必要ですよ。

貧乏神の話をするのは、トラウマちゃんと、とっても似ているからです。わたしは、ある日、七福神さまのことを考えていて、「貧乏神ってなんだろう?」と不思議に思いました。

「貧乏神って、みんなからいやがられているけれど、『神』さまってつくのよね」

そこで、神さまにおたずねしてみたのです。「貧乏神って、どんな存在なんですか?」と。神さまのお答えは、とても意外なものでした。

「福の神だよ」と教えてくださったからです。

お掃除をしないでいて、「なんで、できないんだろう」というイライラや不安を抱えてしまうと、部屋の中だけではなく、心の中にも埃が溜まっていきます。心の埃は言葉や行動を生み出して、人生まで変えてしまいます。そして、福の神さまにも降り積もっていき、すすけた貧乏神にお姿を変えさせてしまうのです。

部屋をきれいにすると運気が上がる、波動がよくなるといいますが、本来の福の神さまが姿を現すからだったのです。

もともとは、あなたの魂を守って、光り輝いているウマちゃんだったトラウマちゃんと、同じですよね。福の神さまとウマちゃんはとても仲よしです。

福の神さまを貧乏神にしてしまう人は、「本当はきれいな部屋が好きだけど、自分には似合わない」と思い込んでいます。それと一緒で、トラウマちゃんを心にたくさん住まわせている人も、「自分には幸せが似合わない」と思い込んでいます。

まず、家の中をきれいにして、福の神さまをしっかり出現させてください。そして、きれいな部屋も、幸せも、おしゃれも、恋愛も、仕事も、結婚も、自分が望むものが似合うわたしだと認めてあげてください。

福の神さまは、丸い＝角がない穏やかなものがお好きです。人の心をホッとさせるまあるい言葉、見る人を和ませるまあるい笑顔を心がけていきましょう。

あなたの中にいらっしゃる神さまと、ウマちゃんと、福の神さま。二人と一頭が揃ったら、もう迷子になることはありません。あなたは確実に、幸せへの道を一歩ずつ、楽しみながら歩いていけます。

おわりに

わたしが好きな神さまの話

あなたは、これからの人生で、どんなことをウマくいかせたいですか？　健康ですか？　お金ですか？　仕事ですか？　恋愛や結婚でしょうか？

この世界に、幸せが似合わない人はいません。豊かさが似合わない人も、やさしい振る舞いが似合わない人も、美しい言葉が似合わない人も、きれいな場所が似合わない人も、愛されるのが似合わない人もいないのです。

あなたの中には、そのことをちゃんと知っている「すべてのことがウマくいくウマちゃん」がいます。まず、ウマちゃんの存在を心から信じていただきたいのです。

なにかがウマくいかないときに、「あの人が悪い！」と人のせいにするのはよくないことです。でも、もっとよくないのは、「わたしが悪い」と自分自身を責めることです。

自分を嫌いにならないために、心の中にトラウマちゃんが住んでいることから目を背けないでください。そして、「大丈夫だよ」とありのままの素顔で、声を掛けてあげてくださいね。ウマちゃんがとても満たされた心地になって、着ぐるみを脱ぎ捨てますよ。

この本の最後に、わたしが好きな神さまのお話をしたいと思います。

あるところに、干ばつに悩まされている村がありました。幾日もカンカン照りが続いて、川の水もすっかり干上がってしまいました。村の人たちは困って、一人の代表者が神さまのところへお願いに上がりました。

「神さま、一向に雨が降らないので、作物はおろか人も動物も、このままでは死んでしまいます。なんとか助けていただけないでしょうか」

神さまは、やさしい声でおっしゃいました。

「信じて、祈りなさい」

そのお言葉を代表者から聞いた村人たちは、一生懸命に祈りました。しかし、翌日も雨は降りません。そして、またその翌日も、翌々日も。いよいよ弱り果てた村の人たちは、今度は全員で神さまのもとを訪れました。

するると、神さまが村人たち一人ひとりに聞きました。

「信じて祈りましたか？」

人々は、答えます。

「はい、祈っています」「はい、信じています」「はい、もちろんです」

「しかし、あなたたちは心から信じていませんよね？」

神さまの問いかけに、彼らは戸惑いました。

「そんなことはありません」とみんなが口々にいうと、神さまは穏やかなお顔でおっしゃいました。

「では、どうして今日、誰も傘を持ってないのですか？」

わたしは、この話をはじめて聞いたとき、「信じることの大切さ、行動の大切さ」にあらためて感じ入りました。思いと行動がひとつになったときに、夢は必ず実現すると教えてくれるお話ではないでしょうか。

幸せに向かう行動とは、自分を責めないで、自分の心にうそをつかないで、ありのままの素顔になって、「そうなったらいいな」と思う未来に向けて、いまできることを丁寧に、積み重ねていくことをいいます。

行動をしていくあなたの傍らには、いつもウマちゃんが寄り添っています。

「あなたは幸せになる方法を知らないんじゃなくて、忘れているだけなんだよ。お手伝いをするから、一緒に思い出していこう」

ウマちゃんは、そういっています。

ぜひ、次の文を声に出して読んでみてください。

①ありのままの自分を許します。

②ありのままの自分をいっぱい愛します。

③ありのままの自分を生きていきます。

あなたは、そのままで本当に素敵な愛にあふれた人です。神様が分霊《わけみたま》を与え、この世に送りだしてくれたすごい人です。

今世、あなたとご縁を結べて幸せです。

本書を手に取ってくださって、ありがとうございました。

二〇一五年四月

高津理絵

毎日がご機嫌になる
「奇跡の法則」

著　者　高津理絵
発行者　真船美保子
発行所　KK ロングセラーズ
東京都新宿区高田馬場 2-1-2　〒 169-0075
電話（03）3204-5161（代）　振替 00120-7-145737
http://www.kklong.co.jp

印　刷　太陽印刷工業（株）　製　本　（株）難波製本
落丁・乱丁はお取り替えいたします。※定価と発行日はカバーに表示してあります。
ISBN978-4-8454-2356-9　C0030　Printed In Japan 2015